A AVENTURA DO LIVRO
do leitor ao navegador

ROGER CHARTIER

A AVENTURA DO LIVRO
do leitor ao navegador

CONVERSAÇÕES COM JEAN LEBRUN

TRADUÇÃO
REGINALDO CARMELLO CORRÊA DE MORAES

editora
unesp

Copyright © 1997 by Les Editions Textuel
Título original em francês: *Le livre en révolutions*.
Entretiens avec Jean Lebrun.

Copyright © 1998 da tradução brasileira:
Fundação Editora da UNESP (FEU)
Praça da Sé, 108
01001-900 – São Paulo – SP
Tel.: (0xx11) 3242-7171
Fax: (0xx11) 3242-7272
www.editoraunesp.com.br
www.livrariaunesp.com.br
atendimento.editora@unesp.br

Dados Internacionais de Catalogação na Publicação (CIP)
(Câmara Brasileira do Livro, SP, Brasil)

Chartier, Roger, 1945-

A aventura do livro: do leitor ao navegador/Roger Chartier; tradução Reginaldo de Moraes. – São Paulo: Editora UNESP, 1999. – (Prismas)

Bibliografia.
ISBN 85-7139-223-4

1. Chartier, Roger, 1945 – Entrevistas 2. Comunicação escrita 3. Livros – História 4. Livros e leitura 5. Tecnologia da informação – Aspectos sociais I. Título. II. Série.

98-3348   CDD-028

Índice para catálogo sistemático:
1. Livros e leitura: História 028

Editora afiliada:

Asociación de Editoriales Universitarias
de América Latina y el Caribe

Associação Brasileira de
Editoras Universitárias

SUMÁRIO

Prólogo
A revolução das revoluções?   7

O autor *entre punição e proteção*   21

O texto *entre autor e editor*   47

O leitor *entre limitações e liberdade*   75

A leitura *entre a falta e o excesso*   97

A biblioteca *entre reunir e dispersar*   115

O numérico *como sonho de universal*   131

A revolução das revoluções?

Apresentam-nos o texto eletrônico como uma revolução.
A história do livro já viu outras!

De fato, a primeira tentação é comparar a revolução eletrônica com a revolução de Gutenberg. Em meados da década de 1450, só era possível reproduzir um texto copiando-o à mão, e de repente uma nova técnica, baseada nos tipos móveis e na prensa, transfigurou a relação com a cultura escrita. O custo do livro diminui, através da distribuição das despesas pela totalidade da tiragem, muito modesta aliás, entre mil e mil e quinhentos exemplares. Analogamente, o tempo de reprodução do texto é reduzido graças ao trabalho da oficina tipográfica.

Contudo, a transformação não é tão absoluta como se diz: um livro manuscrito (sobretudo nos seus últimos séculos, XIV e XV) e um livro pós-Gutenberg baseiam-se nas mesmas estruturas fundamentais — as do códex. Tanto um como outro são objetos compostos de folhas dobradas um certo número de vezes, o que determina o formato do livro e a sucessão dos cadernos. Estes cadernos são montados, costurados uns aos outros e protegidos por uma encadernação. A distribuição do texto na superfície da página, os instrumentos que lhe permitem as identificações (paginação, numerações), os índices e os sumários: tudo isto existe desde a épo-

Na *Madone du Magnificat*, de Botticelli, o ato da escrita em um dos textos mais cantados da tradição cristã. O livro aberto, de cuidadosa caligrafia, ricamente encadernado, dourado nas laterais, traz à memória, mais do que à leitura do espectador, o canto de louvor de Maria: *Magnificat anima mea Dominum (Minha alma exalta o Senhor).* Sandro Botticelli. *Madone du Magnificat* (detalhe), cerca de 1482-1498. Florence, Museu degli Uffizi.

Para Alexandre Humboldt, geógrafo e naturalista, o espaço fechado do gabinete de trabalho concentra, no interior de suas paredes, os instrumentos que asseguram o conhecimento do mundo: os livros, os mapas, o globo e, recolhidos quando de suas viagens na América e na Ásia, os objetos heteróclitos que delas constituem a memória. Ernest Hildebrandt, *Humboldt dans sa bibliotèque*, 1856. Londres, Royal Geographical Society.

ca do manuscrito. Isso é herdado por Gutenberg e, depois dele, pelo livro moderno. A hierarquia dos formatos, por exemplo, existe desde os últimos séculos do manuscrito: o grande in-fólio que se põe sobre a mesa é o livro de estudo, da escolástica, do saber; os formatos médios são aqueles dos novos lançamentos, dos humanistas, dos clássicos antigos copiados durante a primeira vaga do humanismo, antes de Gutenberg; e o *libellus*, isto é, o livro que se pode levar no bolso, é o livro de preces e de devoção, e às vezes de diversão.

Há portanto uma continuidade muito forte entre a cultura do manuscrito e a cultura do impresso, embora durante muito tempo se tenha acreditado numa ruptura total entre uma e outra. Com Gutenberg, a prensa, os tipógrafos, a oficina, todo um mundo antigo teria desaparecido bruscamente. Na realidade, o escrito copiado à mão sobreviveu por muito tempo à invenção de Gutenberg, até o século XVIII, e mesmo o XIX. Para os textos proibidos, cuja existência devia permanecer secreta, a cópia manuscrita continuava sendo a regra. O dissidente do século XX que opta pelo *samizdat*, no interior do mundo soviético, em vez da impressão no estrangeiro, perpetua essa forma de resistência. De modo geral, persistia uma forte suspeita diante do impresso, que supostamente romperia a familiaridade entre o autor e seus leitores e corromperia a correção dos textos, colocando-os em mãos "mecânicas" e nas práticas do comércio. Manteve-se também a figura daquele que na Inglaterra do século XVIII se chamava de *gentleman-writer*, aquele que escrevia sem entrar nas leis do mercado, à distância dos maus modos dos livreiros-editores, e que preservava assim uma cumplicidade muito forte com os leitores.

A impressão se impôs portanto mais lentamente do que se imagina, por sucessivos deslizamentos. Os ocidentais também têm dificuldades para conceber o fato de que ela não era universal: ela convivia, por uma espécie de sobreposição, com um outro sistema de multiplicação, a xilografia, que, na China, no Japão, na Coreia, propiciou um outro sentido para o signo.

Pode-se dizer que ali também existe imprensa, já que se trata de imprimir textos sobre o papel, mas sem tipos móveis – os escritos são gravados em madeira – nem prensa, já que a técnica de impressão é aquela da fricção da folha sobre a madeira entintada. O ponto fundamental, aqui, é a forte continuidade entre a arte do texto manuscrito, a caligrafia, e o caractere impresso. As tábuas são gravadas, efetivamente, a partir de modelos caligráficos. No mundo ocidental, em contrapartida, estabeleceu-se uma importante ruptura entre os textos manuscritos e a letra romana que se torna o caractere dominante nos livros impressos.

No Extremo Oriente, o signo, ao mesmo tempo que tem um conteúdo semântico, possui um sentido pela sua própria forma, o que não sobreviveu no Ocidente a não ser em certas tentativas ligadas ao simbolismo da letra. Ainda no Ocidente, a partir do fim do século XVI e início do XVII, a imagem inserida no livro está ligada à técnica da gravura em cobre. Vê-se então uma disjunção entre o texto e a imagem: para imprimir, de um lado, os caracteres tipográficos e, de outro, as gravuras em cobre, são necessárias prensas diferentes, duas oficinas, duas profissões e duas competências. É o que explica que, até o século XIX, a imagem esteja situada à margem do texto – o frontispício abrindo o livro, as pranchas fora do texto. Na xilografia do Extre-

De Georges de La Tour, um São Jerônimo leitor. Jerônimo, de início penitente no deserto da Síria, empreendeu a tradução da Bíblia para o latim a pedido do papa Dâmaso I. Usando óculos, vestido de cardeal, ele é representado lendo uma carta (talvez pontifical?) ao mesmo tempo que diante dele se abre o grande livro das Escrituras. Georges de La Tour, *Saint Jérome lisant*, primeiro quartel do século XVII, Paris, Museu do Louvre.

mo Oriente, permanece mais familiar uma ligação forte entre texto e imagem, gravados sobre o mesmo suporte. Esta técnica, além do vínculo mantido com o texto manuscrito, apresentava notáveis vantagens: ela permitia uma espécie de edição conforme a demanda, já que as tábuas, de uma resistência duradoura, podiam ser conservadas por muito tempo, enquanto as composições tipográficas deviam ser desfeitas a fim de utilizar os caracteres para compor outras páginas. Não se deve portanto julgar as técnicas não ocidentais a partir de nossa suposta superioridade técnica.

Deslizamentos, sobreposições... Quando, o historiador do livro olha para trás, deve ser prudente ao definir transformações passadas. Hoje, se ele continua utilizando o vocabulário do geólogo, é preciso que procure uma palavra mais radical para definir aquilo que está ocorrendo. Trata-se de um corte, uma fratura. Desde logo, porque o objeto escapa à apreensão da história material tal como ela sabia, outrora, abordar e definir o livro.

Aliás, é difícil empregar ainda o termo objeto. Existe propriamente um objeto que é a tela sobre a qual o texto eletrônico é lido, mas este objeto não é mais manuseado diretamente, imediatamente, pelo leitor. A inscrição do texto na tela cria uma distribuição, uma organização, uma estruturação do texto que não é de modo algum a mesma com a qual se defrontava o leitor do livro em rolo da Antiguidade ou o leitor medieval, moderno e contemporâneo do livro manuscrito ou impresso, onde o texto é organizado a partir de sua estrutura em cadernos, folhas e páginas. O fluxo sequencial do texto na tela, a continuidade que lhe é dada, o fato de que suas fronteiras não são mais tão radicalmente visíveis, como no livro que encerra, no interior de sua encadernação ou de sua capa, o texto que ele carrega, a possibilidade para o leitor de embaralhar, de entrecruzar, de reunir textos que são inscritos na mesma memória eletrônica: todos esses traços indicam que a revolução do livro eletrônico é uma revolução nas estruturas do suporte material do escrito assim como nas maneiras de ler.

Este é o objeto. Se o objeto perde sua antiga densidade, pode-se dizer então que o leitor se sente livre?

De certo modo, sim. De um lado, o leitor da tela assemelha-se ao leitor da Antiguidade: o texto que ele lê corre diante de seus olhos; é claro, ele não flui tal como o texto de um livro em rolo, que era preciso desdobrar horizontalmente, já que agora ele corre verticalmente. De um lado, ele é como o leitor medieval ou o leitor do livro impresso, que pode utilizar referências como a paginação, o índice, o recorte do texto. Ele é simultaneamente esses dois leitores. Ao mesmo tempo, é mais livre. O texto eletrônico lhe permite maior distância com relação ao escrito. Nesse sentido, a tela aparece como o ponto de chegada do movimento que separou o texto do corpo. O leitor do livro em forma de códex coloca-o diante de si sobre uma mesa, vira suas páginas ou então o segura quando o formato é menor e cabe

Em uma parede de Pompeia, a leitura de um *volumen*. Para ser lido, o livro em forma de rolo deve ser segurado com as duas mãos. Enrolado nas extremidades sobre dois suportes de madeira, o texto é desdobrado diante dos olhos de seu leitor. Este não pode escrever ao mesmo tempo que lê, e dificilmente pode comparar diferentes fragmentos do texto que estejam distantes uns dos outros.

Jovem mulher lendo um *volumen*, detalhe de um afresco de Pompeia, século I, Museu de Nápoles.

No interior do monastério, uma representação dos gestos ligados ao códex: a ornamentação do manuscrito aberto sobre a mesa e ao qual são acrescentados, em tinta vermelha, títulos e notas marginais; abaixo, a consulta do livro posto sobre um púlpito; a postura do leitor sentado que marca as páginas com o dedo e, assim, pode confrontar diferentes passagens do texto. Escola de Segóvia (Espanha), interior de convento, século XVI. Madrid, Museu Lazaro Galdiano.

nas mãos. O texto eletrônico torna possível uma relação muito mais distanciada, não corporal. O mesmo processo ocorre com quem escreve. Aquele que escreve na era da pena, de pato ou não, produz uma grafia diretamente ligada a seus gestos corporais. Com o computador, a mediação do teclado, que já existia com a máquina de escrever, mas que se amplia, instaura um afastamento entre o autor e seu texto. A nova posição de leitura, entendida num sentido puramente físico e corporal ou num sentido intelectual, é radicalmente original: ela junta, e de um modo que ainda se deveria estudar, técnicas, posturas, possibilidades que, na longa história da transmissão do escrito, permaneciam separadas.

A revolução diz respeito tanto ao modo de produção quanto à reprodução dos textos. Correm o risco de serem pulverizadas as noções de autor, editor e distribuidor, que mal se puderam fixar, numa época bastante recente, que coincide com a industrialização do livro.

Pode-se juntar aqui a reflexão sobre a edição e a distribuição, já que, no mundo do texto eletrônico, tudo isso é uma coisa só. Um produtor de texto pode ser imediatamente o editor, no duplo sentido daquele que dá forma definitiva ao texto e daquele que o difunde diante de um público de leitores: graças à rede eletrônica, esta difusão é imediata. Daí, o abalo na separação entre tarefas e profissões que, no século XIX, depois da revolução industrial da imprensa, a cultura escrita provocou: os papéis do autor, do editor, do tipógrafo, do distribuidor, do livreiro, estavam então claramente separados. Com as redes eletrônicas, todas estas operações podem ser acumuladas e tornadas quase contemporâneas umas das outras. Sequências temporais que eram distintas, que supunham operações diferentes, que introduziam a duração, a distância, se aproximam. Atualmente, é na esfera da comunicação privada ou científica que a transformação vai mais longe: ela indica aquilo que poderia ser amanhã o conjunto da edição eletrônica.

De passagem – e aqui poderíamos olhar brevemente para aqueles que serão os primeiros a ler este livro – pergunta-se o que virá a ser o papel do crítico.

O papel do crítico é ao mesmo tempo reduzido e ampliado. Ampliado na medida em que todo mundo pode tornar-se crítico. Este foi o sonho das Luzes e, talvez, o do fim do século XVII: por que todo leitor não poderia ser considerado capaz de criticar as obras, fora das instituições oficiais, das academias, dos sábios? É a querela dos Antigos e dos Modernos, na França, no fim do século XVII, que faz nascer a ideia segundo a qual cada leitor dispõe de uma legitimidade própria, do direito a um julgamento pessoal.

Esta ideia afirma-se então através dos novos periódicos, como o *Le Mercure Galant*, que levam em grande conta as cartas que lhe dirigem seus leitores. O leitor reage aos artigos do periódico e envia suas próprias opiniões. Evidentemente, as redes eletrônicas ampliam esta possibilidade, tornando mais fáceis as intervenções no espaço de discussão constituído graças à rede. Deste ponto de vista, pode-se dizer que a produção dos juízos pessoais e a atividade crítica se colocam ao alcance de todo mundo. Daí, a crítica, como profissão específica, correr o risco de desaparecer. No fundo, a ideia kantiana segundo a qual cada um deve poder exercer seu juízo livremente, sem restrição, encontra seu suporte material e técnico com o texto eletrônico.

Antes que a troca tome conta de tudo, o que pode dizer o historiador, enquanto sua voz é ainda singular, diante desta revolução eletrônica?

Ele não deve sustentar um discurso utópico ou nostálgico, mas mais científico, que apreenda em conjunto, mas cada um em seu lugar, todos os atores e todos os processos que fazem com que um texto se torne um livro, seja qual for a sua forma. Esta encarnação do texto numa materialidade específica carrega as diferentes interpretações, compreensões e usos de seus diferentes públicos. Isto quer dizer que é preciso ligar, uns com os outros, as perspectivas ou processos tradicionalmente separados.

O historiador deve poder vincular em um mesmo projeto o estudo da produção, da transmissão e da apropriação dos textos. O que quer dizer manejar ao mesmo tempo a crítica textual, a história do livro, e, mais além, do impresso ou do escrito, e a história do público e da recepção. Reunir estas diferentes abordagens permite responder à questão central que está por trás do meu projeto intelectual.

De um lado, cada leitor, cada espectador, cada ouvinte produz uma apropriação inventiva da obra ou do texto que recebe. Aí temos que seguir Michel de Certeau, quando diz que o consumo cultural é, ele mesmo, uma produção – uma produção silenciosa, disseminada, anônima, mas uma produção. De outro lado, deve-se considerar o conjunto dos condicionamentos que derivam das formas particulares nas quais o texto é posto diante do olhar, da leitura ou da audição, ou das competências, convenções, códigos próprios à comunidade à qual pertence cada espectador ou cada leitor singular.

A grande questão, quando nos interessamos pela história da produção dos significados, é compreender como as limitações são sempre transgredidas pela invenção ou, pelo contrário, como as liberdades da interpretação são sempre limitadas. A partir de uma interrogação como essa será talvez menos inquietante pesar as oportunidades e os riscos da revolução eletrônica.

O autor

entre punição e proteção

Destruir pelo fogo os "maus" livros: a intenção erradicadora multiplicou as fogueiras, acesas pelos inquisidores ou pelas tiranias. Aqui, Pedro Berruguete, no fim do século XV, mostra o ordálio ordenado por São Domingos durante sua pregação contra os Albigenses, em 1205: o fogo destrói as obras heréticas, enquanto aquela que enuncia a verdadeira fé resiste. Pedro Berruguete, *São Domingos e os Albigenses* (detalhe: os livros heréticos são queimados), cerca de 1477-1503. Madrid, Museu do Prado.

A cultura escrita é inseparável dos gestos violentos que a reprimem. Antes mesmo que fosse reconhecido o direito do autor sobre sua obra, a primeira afirmação de sua identidade esteve ligada à censura e à interdição dos textos tidos como subversivos pelas autoridades religiosas ou políticas. Esta "apropriação penal" dos discursos, segundo a expressão de Michel Foucault, justificou por muito tempo a destruição dos livros e a condenação de seus autores, editores ou leitores. As perseguições são como que o reverso das proteções, privilégios, recompensas ou pensões concedidas pelos poderes eclesiásticos e pelos príncipes. O espetáculo público do castigo inverte a cena da dedicatória. A fogueira em que são lançados os maus livros constitui a figura invertida da biblioteca encarregada de proteger e preservar o patrimônio textual. Dos autos de fé da Inquisição às obras queimadas pelos nazis, a pulsão de destruição obcecou por muito tempo os poderes opressores que, destruindo os livros e, com frequência, seus autores, pensavam erradicar para sempre suas ideias. A força do escrito é de ter tornado tragicamente derrisória esta negra vontade.

Com a revolução eletrônica, as possibilidades de participação do leitor, mas também os riscos de interpolação, tornam-se tais que se embaça a ideia de texto, e também a ideia de autor. Como se o futuro fizesse ressurgir a incerteza que caracterizava a posição do autor durante a Antiguidade.

A leitura antiga é leitura de uma forma de livro que não tem nada de semelhante com o livro tal como o conhecemos, tal como o conhecia Gutenberg e tal como o conheciam os homens da Idade Média. Este livro é um rolo, uma longa faixa de papiro ou de pergaminho que o leitor deve segurar com as duas mãos para poder desenrolá-la. Ele faz aparecer trechos distribuídos em colunas. Assim, um autor não pode escrever ao mesmo tempo que lê.

Ou bem ele lê, e suas duas mãos são mobilizadas para segurar o rolo, e neste caso, ele só pode ditar a um escriba suas reflexões, notas, ou aquilo que lhe inspira a leitura.

Ou bem ele escreve durante sua leitura, mas então ele necessariamente fechou o rolo e não lê mais. Imaginar Platão, Aristóteles ou Tito Lívio como autores supõe imaginá-los como leitores de rolos que impõem suas próprias limitações.

Isto supõe imaginá-los, também, ditando seus textos e dando uma importância à voz infinitamente maior que o autor dos tempos posteriores, que, no retiro de seu gabinete, pode escrever ao mesmo tempo que lê, consultar e comparar as obras abertas diante de si.

Um São Jerônimo, de Theoderich von Prag, na segunda metade do século XIV. Vestido como cardeal, o doutor da Igreja segura em suas mãos aquilo que pode ser um exemplar suntuosamente encadernado de sua própria tradução da Bíblia. Ele indica assim a dupla autoridade do texto sagrado e da tradição da Igreja. Theoderich von Prag, *Hieronymus*, cerca de 1348-1380. Praga, Narodni Galerie.

A figura do "autor oral" é uma figura de longa duração.

Nos últimos séculos da Idade Média, quando se esboça a personalidade do autor moderno, cujo texto é, sob sua autoridade, fixado pela cópia manuscrita e depois pela edição impressa, o "autor oral" está sempre ali. É o caso do pregador. Tomemos o exemplo de Calvino. Para ele, há um conjunto de textos que, imediatamente, supõe como destinatário um leitor: as traduções dos textos sagrados, os textos de polêmica, os tratados teológicos. Em oposição, há as lições ou sermões que são pensados como "performances" orais. Calvino sempre manifestou uma extrema reticência diante da transcrição escrita e depois publicação impressa de seus sermões, como se houvesse aí um gênero que só resistisse na e pela oralidade, a palavra viva.

Outro caso de oralidade à antiga mantida por muito tempo:
o teatro.

Nas edições impressas das peças de teatro dos séculos XVI e XVII – a comédia espanhola, o drama elisabetano e o teatro clássico francês, em especial a comédia –, encontra-se no âmago de todos os prefácios, prólogos ou avisos aos leitores, a ideia-chave segundo a qual o texto não é feito para ser impresso.

O teatro não é escrito para que um leitor o leia numa edição saída dos prelos, ele é feito para ser encenado. É isso que Molière chama de "ação" ou "jogo do teatro". A justificativa da edição impressa deve sempre implicar razões particulares, seja porque foi publicada uma edição pirata do texto, não controlada e não desejada pelo autor, seja porque as condições da representação tinham sido medíocres, devendo-se entregar à leitura aquilo que tinha sido mal-entendido.

É *a priori* ilegítimo separar o texto teatral daquilo que lhe dá vida: a voz dos atores e a audição dos espectadores.

Nesse debate estão ainda os coreógrafos que se perguntam sobre a necessidade mas também sobre as fragilidades da notação, que congela. Quando Dominique Bagouet morreu, deixou os Carnets Bagouet, mas legou a sua companhia, sempre viva, o cuidado de retomar sua obra.

A memória da coreografia passa não apenas pela notação mas também pela memória coletiva das companhias, a lembrança dos gestos e das figuras. A memória do teatro era outrora concebida similarmente em torno da representação que implica a ação, os jogos do teatro, os cenários, os trajes... uma totalidade, em suma, na qual o texto é apenas um elemento. Manter o monopólio de uma trupe é uma das razões que militam contra a publicação impressa.

Isto faz cair as peças numa espécie de domínio público, já que cada trupe, uma vez publicado o texto, poderá representá-lo. Então, não há mais monopólio sobre as representações nem sobre a renda proporcionada pelas entradas.

E o ensino? Estamos em plena mutação eletrônica mas as antigas querelas ainda não se esvaziaram. Devem-se publicar – e como? – os seminários de Lacan, os cursos de Michel Foucault no Collège de France?

O caso das lições, para empregar um termo antigo, não é fundamentalmente distinto daquele dos sermões ou do teatro. De um lado, há a necessidade de tornar público um trabalho, para além da circunstância particular em que fora transmitido; de outro, a forte consciência de uma perda irremediável: a palavra – a do pregador, *a fortiori*, a do ator dizendo um texto –, mesmo a do ensino, é uma palavra que se inscreve num lugar, num gestual, em modos de comunicação com o auditório que são irremediavelmente perdidos pela fixação escrita. Para os autores contemporâneos junta-se a isso a questão da propriedade. Uma propriedade não apenas pensada em termos econômicos e financeiros, mas em termos de controle e exatidão: a correção do texto não deve ser prejudicada pelas transcrições apressadas, com equívocos do próprio professor, que nem sempre teve tempo de verificar todas as referências que cita de memória e que pode dar informações textuais inexatas.

Em um evangeliário do século IX, uma miniatura mostra Lucas escrevendo sob o ditado do Espírito. O escritor é o escriba de uma Palavra que lhe vem de fora e que o habita. É sobre este modelo evangélico que será durante muito tempo concebido e representado o gesto criador, inspirado e sagrado.
O evangelista Lucas, miniatura extraída do evangeliário Samuel, Augsbourg, segundo quartel do século XVI. Quedinburg, tesouro da catedral.

Foucault era bastante liberal e generoso quanto à possibilidade de apropriação de sua palavra, uma vez que circulavam, antes das edições francesas de suas lições ministradas no *Collège*, um conjunto de volumes em espanhol, italiano e português, fruto de diversas transcrições: durante seus cursos, funcionavam centenas de gravadores, aos quais ele

Em uma coletânea de miniaturas do século XV, a presença multiplicada das imagens, imagens de devoção, com os quadros pendurados nas paredes, imagens do livro de miniaturas, aberto e seguro nas mãos. Desse modo, a representação coloca em cena o próprio objeto no qual ela se encontra. Coletânea de miniaturas, França, século XV (manuscrito 388/1475, f. 8 v). Chantilly, Museu de Condé.

não prestava muita atenção. Aqueles que assumiram sua herança cultural, em nome do controle dos textos, em princípio descartaram qualquer ideia de publicação póstuma, depois decidiram integrar os cursos na obra editada. Assim, resolveram a questão da possível traição da palavra pela difusão do texto, uma questão que Foucault, quando vivo, talvez não imaginasse que pudesse ser tão aguda.

Michel Foucault é contudo, a seu ver, aquele que talvez melhor refletiu sobre a emergência, na história, da função do autor.

Coisa que não era evidente porque, da Idade Média à época moderna, frequentemente se definiu a obra pelo contrário da originalidade. Seja porque era inspirada por Deus: o escritor não era senão o escriba de uma Palavra que vinha de outro lugar. Seja porque era inscrita numa tradição, e não tinha valor a não ser o de desenvolver, comentar, glosar aquilo que já estava ali. Antes dos séculos XVII e XVIII, há um momento original durante o qual, em torno de figuras como Christine de Pisan, na França, Dante, Petrarca, Boccácio, na Itália, alguns autores contemporâneos viram-se dotados de atributos que até então eram reservados aos autores clássicos da tradição antiga ou aos Padres da Igreja. Seus retratos apareciam nas miniaturas, no interior dos manuscritos. Eles são com frequência representados no ato de escrever suas próprias obras e não mais no de ditar ou de copiar sob o ditado

Sobre uma página magnificamente ornamentada das *Grandes heures du duc de Berry*, o texto é precedido por uma imagem iluminada do papa Gregório, o Grande, um dos doutores da Igreja latina. Inspirado pelo Espírito Santo (vide a pomba) e pela Escritura, ele é o detentor e a garantia de uma autoridade que sua palavra transmite, por intermédio do escriba que redige, sob seu ditado, para toda a cristandade. *Gregório, o Grande*, papa (590-604), miniatura extraída de *Grandes heures du duc de Berry*, França, século XV, Paris, Biblioteca Nacional.

divino. Eles são "escritores" no sentido que a palavra vai tomar em francês, no correr dos últimos séculos da Idade Média: eles compõem uma obra, e as imagens os representam, de modo um pouco ingênuo, no ato de escrever a obra que o leitor tem nas mãos. É nesse momento também que são reunidas em um mesmo manuscrito várias obras de certos autores, relacionadas a um mesmo tema. O que significava romper com uma tradição segundo a qual o livro manuscrito é uma junção, uma mistura de textos de origem, natureza e datas diferentes, e onde, de forma alguma, os textos incluídos são identificados pelo nome próprio de seu autor. Para que exista autor são necessários critérios, noções, conceitos particulares. O inglês evidencia bem esta noção e distingue o *writer*, aquele que escreveu alguma coisa, e o *author*, aquele cujo nome próprio dá identidade e autoridade ao texto. O que se pode encontrar no francês antigo quando, em um *Dictionnaire* como o de Furetière, em 1690, distingue-se entre os "*écrivains*" e os "*auteurs*". O escritor (*écrivain*) é aquele que escreveu um texto que permanece manuscrito, sem circulação, enquanto o autor (*auteur*) é também qualificado como aquele que publicou obras impressas.

É Foucault quem sugere que, numa determinada sociedade, certos gêneros, para circular e serem recebidos, têm necessidade de uma identificação fundamental dada pelo nome de seu autor, enquanto outros não. Se considerarmos um texto de direito ou uma publicidade no mundo contemporâneo,

alguém os escreveu, mas eles não têm autores; nenhum nome próprio lhes é associado.

Sendo feita a distinção entre os discursos qualificados por um nome de autor e os outros, Foucault estudava as circunstâncias que produziam as primícias.

Sugeria que o autor, na origem, era inicialmente um *"fauteur"* (fomentador). Ele evocava, por exemplo, esses textos do início da era moderna que, por transgredirem a ortodoxia política ou religiosa, eram censurados e perseguidos. Para identificar e condenar aqueles que eram seus responsáveis, era necessário designá-los como autores. As primeiras ocorrências sistemáticas e ordenadas alfabeticamente de nomes de autores encontram-se nos Índices dos livros e autores proibidos, estabelecidos no século XVI pelas diferentes faculdades de teologia e pelo papado, e depois nas condenações dos Parlamentos e nas censuras dos Estados. É isso que Foucault chama de "apropriação penal dos discursos" – o fato de poder ser perseguido e condenado por um texto considerado transgressor. Antes de ser o detentor de sua obra, o autor encontra-se exposto ao perigo pela sua obra.

A litania dos processos é longa, de Michel Servet a Théophile de Viau.

No século XVI, encontramos um processo muito interessante que é o de Étienne Dolet. Ele é condenado à fogueira porque é impressor e "autor". O fato de ele ser autor de textos que puderam se transformar em prefácios ou prólogos de obras de autores protestantes está indissociavelmente ligado ao fato, por outro lado, de ter sido editor de textos heterodoxos. É um processo decisivo que terminou na praça Maubert, em Paris, numa fogueira em que foram queimados Dolet junto com seus livros, aqueles que havia publicado ou prefaciado. A autoridade católica interveio com toda a força e criou os instrumentos que lhe permitiam exercer o poder de censura. Mas, não esqueçamos, os seguidores da Reforma, vítimas, eles próprios, dessa censura católica, às vezes no seu dia a dia ou na sua própria pele, podem se comportar como seus adversários. Vemos isso no caso de Genebra, onde os heterodoxos, os anabatistas, os socinianos são perseguidos pela autoridade calvinista da cidade e da igreja. O infeliz Michel Servet pagará muito caro o preço desta censura, mas, ao mesmo tempo, por diversas vezes, segundo as flutuações da conjuntura político-religiosa da cidade, o próprio Calvino será objeto de censura por causa de alguns de seus textos.

Isto pode nos esclarecer sobre realidades difíceis de compreender, por não colocarem de maneira simples, de um lado, a censura e, do outro, a liberdade de escrever. Nas sociedades do Antigo Regime, os poderes de censura não estavam bem diferenciados e as autoridades religiosas e políticas concorriam para assumi-los e exercê-los. No caso da França, a partida era jogada a três, a Igreja católica, o parlamento de Paris e a monarquia. No caso

Duas cenas de dedicatória do século XV. À esquerda, Jean Froissart oferece o livro de suas crônicas para a duquesa de Borgonha; à direita, é para o rei Filipe, o Belo, que Jean de Meung oferece como presente sua tradução da obra de Boécio, *La Consolation de la philosophie*. Nas duas cenas, o "autor", humildemente ajoelhado, entrega um manuscrito faustosamente encadernado ao príncipe a quem se dedica a obra. O rei, dotado dos atributos da soberania (a coroa, a mão da justiça), e a princesa são cercados dos que lhe são próximos, conselheiros ou damas de companhia. Tacitamente, empenham-se em retribuir, com a sua proteção, a oferta que lhes é feita. À esquerda, miniatura extraída das *Chroniques* de Froissart, 1472 (manuscrito 873, f. 1). Chantilly, Museu de Condé. À direita, miniatura extraída de *La Consolation de la philosophie*, de Boécio, século XV (manuscrito 3045, f. 1). Rouen, biblioteca municipal, França.

de Genebra, a adequação não é plena entre o conselho da cidade e o consistório. O direito de exercer a censura e a definição daquilo sobre o que ela deve ser exercida são sempre objeto de rivalidades agudas, muito reveladoras das tensões sociopolíticas que marcam uma sociedade em um momento dado de sua história.

Isto permite uma aproximação, à qual não nos aventuraremos, com as situações atuais do Islã, marcadas elas também pela descontinuidade, pela multiplicidade das autoridades.

Creio que sim. Em um mapa das sociedades que são dominantemente, majoritariamente ou exclusivamente muçulmanas, veríamos aparecer com intensidades diferenciais, de um lado, os limites daquilo que é aceitável ou daquilo que deve ser interdito, e, de outro, a relação que pode existir entre a autoridade religiosa e a autoridade política. Em uma extremidade do espectro apareceriam Estados nos quais o poder político é fortemente autônomo com relação às autoridades religiosas e, na outra extremidade, verdadeiras figuras modernas de Estados teocráticos.

No século XVII, no Ocidente, se o autor é um culpado em potencial, ele se vê também como um pensionista virtual. Ele teme que se lhe impute uma responsabilidade política ou religiosa, que lhe valeria uma punição, mas espera também que seus méritos sejam recompensados por uma pensão.

Depois do nascimento da "função autor", coloca-se a questão da condição de autor. Os autores que tentarão viver de sua pena só irão aparecer realmente no século XVIII. Um autor emblemático como Rousseau aspirará a essa nova condição. Antes disso, a cessão dos manuscritos aos livreiros-editores não assegura de modo algum rendas suficientes. Daí, para um escritor do século XVII, não há senão duas possibilidades. Uma é que ele seja provido de benefícios, cargos, postos, caso ele não pertença a uma linhagem aristocrática ou burguesa, dispondo de uma fortuna patrimonial. Ou ele é obrigado a entrar nas relações de patrocínio e recebe uma remuneração não imediata de seu trabalho como escritor, sob a forma de pensão, de recompensa ou de emprego.

O gesto que inicia estas relações de clientela, ou de patrocínio, é o da dedicatória, um verdadeiro rito. Ela pode ser, tratando-se de um impresso, a oferta de uma cópia manuscrita com bela caligrafia e ricamente ornamentada. Pode ser também a dedicatória de um exemplar do livro impresso mas luxuosamente encadernado e impresso sobre pergaminho, enquanto a edição é feita em papel. Na cena da dedicatória, a mão do autor transmite o livro à mão que o recebe, a do príncipe, do poderoso ou do ministro. Em contrapartida deste dom, um contradom é buscado, quando não garantido: na França, sob Francisco I, um posto, um cargo, um emprego, e sob Luís XIV, uma pensão. O que é interessante é justamente esta reciprocidade. O autor oferece um livro contendo o texto que escreveu e, em troca, recebe as manifestações da benevolência do príncipe, traduzida em termos de proteção, emprego ou recompensa.

Mas esta reciprocidade é falsa. A retórica de todas as dedicatórias visa na verdade oferecer ao príncipe aquilo que ele já possuía. Não aquilo que ele não tinha, essa obra que sob a forma de um livro lhe é dada, mas aquilo que ele já possuía, na medida em que ele é o autor primeiro, o autor primordial. Ele não escreve o livro mas a intenção do livro estava já no seu espírito. Corneille explica assim a Richelieu, na dedicatória de *Horace*, que, afinal, o autor das tragédias de Corneille é o próprio cardeal, e o poderoso é louvado como poeta.

Isto que diziam ainda há pouco os escritores que, na França, dedicavam seus livros a François Mitterrand. O ex-presidente da República teve a crueldade de confiar os exemplares que havia assim recebido à biblioteca municipal de Nevers.

Pelo que se lê nas páginas de rosto, constata-se que o patrocínio continua fundamental mesmo quando não se trata mais das mesmas remunerações. O que é chocante, nisso que você diz, é a longevidade das figuras envolvidas na dedicatória e que atribuem, afinal, àquele a quem se dedica, a posição de autor primeiro. Se posso aproximar Molière dos escritores que endereçaram suas obras a François Mitterrand, notaria que Molière entra na intimidade de Luís XIV com *Les Fâcheux*, cuja representação em Vaux-le-Vicomte provoca a desgraça de Fouquet. Na dedicatória da edição impressa, ele explica que todo o mérito da comédia vem de uma cena que o rei lhe inspirou e que, afinal, Luís XIV é o autor, senão da totalidade da peça, ao menos da parte que lhe propiciou o sucesso. Em suma, o príncipe recebe aquilo de que, no fundo, ele é virtualmente o autor.

Quando um autor faz uma dedicatória a François Mitterrand, em 1985, é uma dedicatória manuscrita secreta. Enquanto a dedicatória, na época do Rei Sol, figurava no livro impresso à vista de todo mundo.

Absolutamente. A dedicatória pertence às preliminares da obra ou ao "paratexto", isto é, aos textos que precedem e acompanham a obra propriamente dita. Marca-se bem, desde a página de título até as notas aos leitores, a pluralidade de destinações do texto. No Século de Ouro espanhol, nas páginas de título de *Don Quixote*, de Cervantes, ou das comédias de Lope de Vega, encontra-se uma enumeração extremamente longa de todos os títulos do protetor a quem é endereçada a obra. Em seguida, quando a ideia do mérito do autor prevalece sobre a proteção do príncipe, o equilíbrio muda. Sobretudo, adquire mais importância a dimensão do mercado, do público, do leitor: o que se traduz, na página de título, pela presença da marca do livreiro-editor, às vezes do endereço em que se pode encontrar o livro, e, nas preliminares, pela existência das notas ao leitor. É esta dualidade que caracteriza bem o ingresso do autor na idade moderna.

Esta entrada se faz também mais nitidamente quando a dependência diante do poder, a espera de uma recompensa e o temor de uma punição dão lugar a uma maior tolerância. Com Malesherbes, em 1780, a França permite que o livro apareça sem a necessidade de uma unção ou temor de uma sanção.

No século XVIII, a edição francesa enfrenta um desafio econômico maior. Se a censura é por demais severa, os textos são impressos fora do reino. Os livreiros europeus, na Suíça, nas Províncias Unidas e nos principados alemães, eram especializados na publicação desses textos proibidos que faziam entrar clandestinamente na França. Com isso, obtinham um grande lucro porque havia forte expectativa dos leitores. Diante desse desafio, Malesherbes, que tinha sido nomeado diretor da *Librairie* em 1750, estabeleceu uma diferença entre os textos de denúncia violenta da fé e da autoridade do rei – que deviam ser proibidos e perseguidos – e os textos que podiam ser autorizados sem, contudo, portar a chancela do poder real. Com efeito, para obter uma permissão ou um privilégio, era necessário obter a autorização da monarquia, e esta autorização encontrava-se impressa no próprio livro, na forma de uma permissão, com o selo real. Malesherbes queria evitar a ruína da edição francesa, mas sem com isso dotar alguns textos da aprovação explícita da autoridade monárquica. Inventa então as autorizações tácitas: isto é, um esquema de autorização específico em nome do qual se finge acreditar que tais livros são impressos no estrangeiro e sua

Página precedente.
Em Flandres, no início do século XVI, pintados por Quentin Massys, um mercador satisfeito, que comercializa metais preciosos, e sua esposa. Diante dela, posta sobre a bancada em que seu marido examina moedas e objetos, um livro ornamentado por miniaturas, que ela folheia delicadamente. A leitora de imagens lembra assim que o livro não é apenas o suporte de uma escrita. Quentin Massys, *L'Orfèvre et sa femme*, 1514. Paris, Museu do Louvre.

distribuição permitida na França, embora sejam, de fato, livros publicados na França sob este regime específico de autorização. Chega-se, desse modo, a dar autorizações puramente verbais, assegurando-se aos livreiros-editores que não serão perseguidos. Tolerância não é, contudo, independência. Não basta ao autor escapar da censura e das condenações para ser definido positivamente. É necessário que se beneficie de um estatuto jurídico particular que reconheça sua propriedade. Isto se fará a partir do século XVIII para se desfazer talvez no fim de nosso século: para os autores de hoje, o perigo de perder seus direitos é, de fato, mais difundido que o de perder sua liberdade.

O texto

entre autor e editor

No século XVIII, a escrita se tornou criação pessoal e original. No retiro de um gabinete, onde não há nenhum livro, o escritor pintado por Doncre, em 1772, está só diante da obra que empreendeu. As folhas já redigidas são cuidadosamente colocadas atrás, na escrivaninha. A pena suspensa indica que o autor não se desvia senão um instante de seu trabalho de escrita.
Guillaume Dominique Jacques Doncre, *Portrait d'un écrivain*, 1772. Arras, Museu de Belas-Artes.

No século XVIII, a teoria do direito natural e a estética da originalidade fundamentam a propriedade literária. Uma vez que se justifica, para cada uma, a posse dos frutos de seu trabalho, o autor é reconhecido como detentor de uma propriedade imprescritível sobre as obras que exprimem seu próprio gênio. Esta não desaparece com a cessão do manuscrito àqueles que são seus editores. Não é portanto de espantar que sejam estes últimos os que tenham moldado a figura do autor-proprietário. Inscrito na velha ordem da livraria, o copyright não deixa de definir de modo original a criação literária, cuja identidade subsiste qualquer que seja o suporte de sua transmissão. O caminho estava aberto assim para a legislação atual que protege a obra em todas as formas (escritas, visuais, sonoras) que lhe podem ser dadas. Hoje, com as novas possibilidades oferecidas pelo texto eletrônico, sempre maleável e aberto a reescrituras múltiplas, são os próprios fundamentos da apropriação individual dos textos que se veem colocados em questão.

O editor, tal como ainda existe, na véspera da revolução eletrônica, originou-se da ou das revoluções industriais que o livro conheceu no século XIX. Mas nos séculos XVI, XVII e XVIII, estamos ainda no tempo da loja. Que diferenças separam o livreiro-editor de então do editor de hoje?

Essa questão leva imediatamente a pensar na armadilha das palavras. De um lado, somos obrigados a utilizar termos estáveis: quer se fale da Antiguidade, da Idade Média, do Antigo Regime, da época contemporânea, há leitores, há autores, de um certo modo há editores. E, ao mesmo tempo, as realidades históricas que estão por trás dessas palavras são extremamente variáveis. Nos anos 1830, fixa-se a figura do editor que ainda conhecemos. Trata-se de uma profissão de natureza intelectual e comercial que visa buscar textos, encontrar autores, ligá-los ao editor, controlar o processo que vai da impressão da obra até a sua distribuição. O editor pode possuir uma gráfica, mas isto não é necessário e, em todo caso, não é isto que fundamentalmente o define; ele pode também possuir uma livraria, mas tampouco é isso que o define em primeiro lugar. Encontramos encarnações muito belas desse editor do século XIX, em Hachette, Larousse, Hetzel. Grandes aventureiros, eles imprimem uma marca muito pessoal à sua empresa. Seu sucesso depende de sua inventividade pessoal, às vezes do apoio do Estado, como no caso de Hachette com o livro escolar, e, outras vezes, da invenção de novos mercados (novos "nichos", diría-

Esta madeira gravada, que lembra a instalação da primeira oficina tipográfica no México, em 1539, celebra uma invenção maior do século XVI: a prensa. Ao contrário de outras imagens, esta não focalizou o trabalho da composição, para melhor exaltar a importância da prensa, que multiplica os exemplares do mesmo livro e o conduz para os novos mundos. No primeiro plano, os carimbos com os quais a tinta é depositada nas páginas já compostas a fim de que sejam impressas.
L'imprimerie à México en 1539, gravura. México, Museu da Cidade.

mos hoje), como no caso de Larousse. Do fim do século XIX até hoje, as casas de edição foram frequentemente marcadas por personalidades desse tipo. Vemos isso muito bem entre os editores literários parisienses do século XX: Gallimard, Flammarion permaneceram duradouramente ligados a um fundador e em seguida a uma família. As próprias

Protegido pelo príncipe esclarecido cuja estátua se encontra no fundo da imagem (no caso, José II), assegurando a concórdia das diferentes ordens e confissões, selada no primeiro plano do quadro, o livro filosófico é portador, em toda a Europa, do triunfo da Razão. Sobre os muros da livraria de Liège, *À l'égide de Minerve*, os cartazes anunciam os novos lançamentos de Voltaire, Rousseau, d'Alembert ou Helvetius, e os pacotes de livros em folhas estão prontos para serem expedidos para Espanha ou Portugal. Graças aos transportadores clandestinos ou aos vendedores audaciosos, os livros penetraram inclusive nos lugares onde as autoridades pretendem proibi-los e persegui-los. Léonard Defrance, *À l'égide de Minerve*: la politique de tolérance de Joseph II favorisant les encyclopédistes, cerca de 1780. Dijon, Museu de Belas-Artes. Ao longo do Sena, uma visão

transformações do capitalismo editorial, contudo, originaram reagrupamentos, criaram empresas multimídia, de capital infinitamente mais variado e muito menos pessoal, e provocaram um certo enfraquecimento desse vínculo que unia a figura do editor e a atividade de edição. Não importa: até esta recente recomposição, tudo gira em torno deste empreendedor singular que se vê também como um intelectual e cuja atividade se faz em igualdade com a dos autores; daí, aliás, suas relações frequentemente difíceis e tensas.

Se olhamos para trás e observamos as figuras de "editores" dos séculos XVI ao XVIII, de Plantin a Panckoucke, é claro que não existe então uma autonomia similar da atividade editorial. Primeiro se é livreiro, primeiro se é impressor e, porque se é livreiro ou gráfico, se assume uma função editorial. Deve-se falar então, para ser preciso, de "livreiro--editor", ou de "gráfico-editor". O livreiro-editor dos séculos XVI, XVII ou XVIII define-se inicialmente pelo seu comércio. Ele vende, além dos livros que ele mesmo edita, aqueles que obtêm por uma troca com seus colegas: ele lhes envia, em folhas não encadernadas, livros que editou e, em troca, recebe os livros dos outros. Pode possuir uma gráfica, ou então fazer com que uma gráfica trabalhe para ele. É, portanto, em torno da atividade de livraria que se organiza toda a atividade editorial. O que explica que algumas dessas livrarias, por proteção ou por posição, tenham podido dominar uma grande parte do mercado do livro. Proteção: pode-se pensar no caso dos Plantin, que haviam obtido o monopólio da venda das obras ligadas à Reforma católica – breviários, missais – que representavam um enorme mercado na escala da cristandade. Posição: podemos lembrar os livreiros parisienses, que a monarquia favorece a partir da metade do século XVII, esperando assim sua lealdade. O controle é mais fácil quando a produção é mais concentrada. Em troca de fidelidade prometida ao monarca, os livreiros parisienses recebem um quase-monopólio sobre o mercado dos novos lançamentos e os privilégios outorgados para as peças de teatro, os romances, os livros da nova ciência. A perpetuação desses privilégios impede que se abra um domínio público do livro. A atividade de livraria comanda assim a atividade de edição, seus mecanismos e seus limites.

Você fala de monopólio e de privilégios. Se compararmos a situação da Inglaterra com a da França, encontramos na Inglaterra os mesmos meios de entravar o trabalho do livreiro-editor?

Não. Em meados do século XVI, na Inglaterra, a monarquia delegou à comunidade, à corporação dos livreiros-gráficos de Londres, de um lado, o poder de censura, de exame prévio dos livros (para saber se estavam de acordo com aquilo que seria publicável) e, de outro, o controle dos monopólios sobre as edições. O mecanismo era muito simples: quando um livreiro ou um gráfico londrino adquiria um manuscrito, ele o registrava pela comunidade e, a partir desse registro, pretendia possuir esse manuscrito de maneira perpétua e imprescritível, tendo portanto o direito exclusivo de editá-lo e reeditá-lo indefinidamente. É esse o sistema inglês, dominado pela profissão.

O sistema francês, o que não é nenhuma surpresa, é muito mais estatal, já que os privilégios ou permissões de livraria são concedidos pela monarquia através do chanceler e da administração da *Librairie*. A expressão "privilégios de livraria" é interessante: tudo aquilo que deriva da produção do livro, da censura, do regime regulamentar e jurídico da produção impressa é designado a partir do comércio de livraria. Um livreiro ou um gráfico que adquiriu um manuscrito o deposita nos escritórios do chanceler, que o faz examinar por censores para saber se está conforme à ortodoxia política, religiosa ou moral. O livreiro ou gráfico recebe, caso o tenha solicitado, um privilégio sobre a publicação desse título, por um prazo que pode variar entre cinco e quinze anos, em geral. O que quer dizer que nenhum de seus colegas tem o direito de publicá-lo. Para reforçar o poder dos livreiros parisienses, a monarquia decide que estes privilégios sejam renováveis quase que indefinidamente. De um lado da Mancha, portanto, um sistema comunitário e corporativo, do outro, um mecanismo estatal.

O mercado já é europeu porque as fronteiras são porosas e os Estados são frequentemente pequenos e encaixados uns nos outros. Existem regiões – Holanda, Avignon, enclave pontifício etc. – que difundem falsificações (diríamos hoje: vírus) para desorganizar o sistema?

Exatamente. Falemos inicialmente da França. Muitas falsificações são feitas por livreiros-editores da província: eles se sentem alijados do mercado dos novos lançamentos a partir da metade do século XVII, quando a concentração dos autores, em Paris, e a perpetuação dos privilégios concedidos pelo poder real a alguns grandes livreiros-editores, que se tornam assim seus clientes, vão reforçar a centralização da edição. Em Lyon e outros lugares, a falsificação torna-se uma atividade essencial de defesa econômica dos livreiros-editores excluídos do mercado dos novos lançamentos. Mas você tem razão de lembrar sobretudo a dimensão internacional. O privilégio não vale senão no interior do território governado pelo rei da França. Os livreiros e gráficos localizados fora da França não se sentem de modo algum presos por esta regulamentação e, portanto, produzem falsificações, isto é, violam o privilégio de um livreiro ou gráfico sobre um dado texto, o imprimem, o distribuem, fazem-no entrar no reino. A luta é constante entre os livreiros-editores parisienses e os falsificadores que, como você diz, estão sobretudo na Europa do Norte: Províncias Unidas (a Holanda ou os atuais Países Baixos), principados alemães e cidades da Suíça. Um livreiro-editor na Suíça (a Sociedade Tipográfica de

romântica e inglesa do comércio dos "livreiros de sebos" (*bouquinistes*: a palavra data do século XVIII). Seus tabuleiros ao ar livre permitem uma relação mais familiar com os livros, em vendas de ocasião, oferecidos a melhor preço e, às vezes, alugados por hora, para uma leitura ao ar livre.
William Parrot, *Le quai Conti*, 1846. Paris, Museu Carnavalet.

Neuchâtel, a Sociedade Tipográfica de Berna), um livreiro-editor instalado num principado alemão ou os grandes livreiros-editores holandeses não se sentem em nada constrangidos pelos privilégios obtidos por seus colegas parisienses. Os Elzévir, em Amsterdã, são grandes falsificadores no século XVII. Teoricamente, a entrada dos livros falsificados no reino é proibida, mas eles são introduzidos no país por diferentes caminhos e através de alianças com livreiros de província que por eles se interessam. Não tendo que pagar o manuscrito nem o privilégio, os falsificadores podem vender o livro a melhor preço. É assim que, entre o século XVI e a época das Luzes, a falsificação de livraria tornou-se, pouco a pouco, uma atividade econômica muito importante. Em certos casos, ali onde os Estados são numerosos e pequenos, como na Itália ou na Alemanha, a situação é ainda mais aguda, já que os privilégios valem apenas para uma cidade-Estado, para um principado: desde logo, a falsificação é quase imediata, no sentido de que o livreiro que está a algumas dezenas de quilômetros se encontra plenamente legitimado para publicar uma obra pela qual um de seus colegas recebeu privilégio para sua publicação em um território limitado e próximo. Daí, no século XVIII, uma reflexão dos autores e das livrarias, na Alemanha, para tentar definir (mas isso seria muito lento) uma propriedade literária que pudesse valer para além dos limites dos Estados. Nos anos 1780, vemos os maiores autores alemães – Fichte, Kant... – entrar nessa luta para tentar estabilizar um direito supraestatal que protegesse os livreiros-editores e, portanto, protegesse eles próprios, na medida em que cedem seus textos àqueles que os transformam em livros.

É a falsificação, não necessariamente em escala europeia mas simplesmente em escala local, na vizinhança imediata do autor, que desencadeia as primeiras reações dos autores. Tomemos o caso muito delicado do teatro.

A esse respeito, é exemplar a história da edição de *Sganarelle ou le Cocu imaginaire*, de Molière. O livreiro-editor que detinha o privilégio de impressão também teve o privilégio de receber os primeiros exemplares falsificados, antes mesmo que seus próprios exemplares tivessem saído do prelo. No teatro, as falsificações eram feitas, frequentemente, a partir dos manuscritos estabelecidos por espectadores enviados pelos livreiros-gráficos concorrentes do detentor do privilégio e que trabalhavam por conta própria, transcrevendo as peças depois de terem assistido a várias representações. O que supunha uma memorização do texto, ou então, como no caso inglês, a utilização de técnicas estenográficas. De imediato, eles estabelecem um texto antes mesmo de qualquer publicação do manuscrito que o autor tivesse cedido a um livreiro-editor. É o que ocorre com *Sganarelle ou le Cocu imaginaire*. O falsificador explicava, num prefácio irônico dirigido a Molière, que havia assistido várias vezes à comédia e que, se lembrando do conjunto do texto, tinha feito uma cópia para um amigo, mas que, infelizmente, esta cópia, misteriosamente multiplicada, tinha caído em mãos de livreiros-editores. Em suma, era melhor publicá-la.

A história é mais ou menos fictícia, mas traduz bem a realidade: o mesmo ocorre na Inglaterra, na Espanha e na França, em pleno século XVIII, com *As bodas de Fígaro*. As primeiras edições de *As bodas de Fígaro* foram publicadas contra a vontade de Beaumarchais e procedem – temos as Memórias daqueles que fizeram essa operação – de dois indivíduos que, depois de ter assistido a várias representações, reconstruíram o texto de memória, talvez apoiados em notas, editando-o em seguida e pondo-o em circulação. As representações feitas na província ou a adaptação inglesa de *As bodas de Fígaro*, 1785, têm como origem esta transcrição feita de memória.

Você cita Beaumarchais. Seu nome – como o de Ben Jonson, na Inglaterra, desde o século XVII – é associado à luta pelo direito do autor. Trata-se de dois casos de autores de teatro.

Ben Jonson acha que deve tirar proveito não apenas da venda de suas peças para as companhias que as encenam, mas também que deve manter e reter a propriedade sobre os manuscritos e, portanto, ele próprio negociar a venda aos livreiros-editores para a impressão de seus escritos. Aliás, ele é o primeiro dramaturgo a publicar em vida uma coletânea de suas peças em um grande in-fólio, em 1616, com o título "*works*", "obras", emprestado aos clássicos. É um gesto muito forte de afirmação do autor. Talvez os autores de teatro sofressem uma perda ainda maior que os outros, quando o texto se tornava um livro impresso. Talvez, também, habituados a receber uma porcentagem sobre as entradas, dispusessem de uma espécie de modelo para definir a ideia de direitos de autor proporcionais às vendas dos livros.

Quem diz Beaumarchais diz Sociedade dos Autores. O direito de autor contemporâneo é apenas o resultado dos combates dos autores organizados em grupos de pressão e associações?

Não. Durante muito tempo, o modelo do patrocínio permaneceu muito forte. A garantia da existência material do autor dependia fundamentalmente da obtenção de gratificações, de proteções que lhe eram dadas pelo soberano, mas também pelos ministros, pelas elites, pelos aristocratas. Não se deve subestimar tampouco a resistência em identificar as composições literárias como mercadorias. Esses dois elementos contribuíram para que os autores não promovessem uma luta extremamente virulenta contra os livreiros-editores que compravam seus manuscritos para sempre. Quando se observa, em documentos raros, os contratos, dos séculos XVI e XVII, entre autores e livreiros, as somas envolvidas parecem bastante pequenas. Em contrapartida, é sempre previsto nos contratos que o autor receberá exemplares de seu livro uma vez publicado, alguns suntuosamente encadernados, com os quais poderá presentear protetores, já definidos ou em vias de sê-lo. Durante muito tempo, a República das letras, esta comunidade na qual os autores se associam, trocam correspondência, manuscritos e informações, não está habituada à ideia de obter uma remuneração direta em troca do escrito.

É no século XVIII que as coisas mudam, mas não necessariamente por iniciativa dos autores. São os

Página precedente.
No centro deste quadro de 1873, que mostra balcões de Nova Orleãs onde se negocia algodão, Degas colocou o jornal, grande mancha branca em harmonia com a camisa do escrevente e as amostras de algodão. Na segunda metade do século XIX, o diário se tornou o instrumento obrigatório para quem quisesse conhecer as novidades do mundo, o fluxo das coisas, das mudanças e dos produtos.
Edgar Degas, *Portraits dans un bureau (Nouvelle-Orléans) ou Bureau de coton à la Nouvelle-Orléans*, 1873. Pau, Museu de Belas-Artes.

livreiros-editores que, para defender seus privilégios, seja no sistema corporativo inglês, seja no sistema estatal francês, inventam a ideia do autor-proprietário. O livreiro-editor tem interesse nisso, pois, se o autor se torna proprietário, o livreiro também se torna, uma vez que o manuscrito lhe fora cedido! É este caminho tortuoso que leva à invenção do direito do autor. Diderot o compreendeu, uma vez que, na sua *Lettre* em favor dos livreiros-editores de Paris, em lugar de aparecer, como de hábito, como arauto das liberdades e ao mesmo tempo como homem hostil aos monopólios e privilégios, ele se faz o defensor dos privilégios das livrarias. Ele compreendeu que podia incorporar nessa estratégia de defesa dos livreiros – não obstante fossem bem maldosos com ele – a afirmação, altamente reivindicada, da propriedade do autor sobre sua obra. Assim, ele utiliza a argumentação dos livreiros-editores para dela fazer o próprio fundamento da reivindicação do autor-proprietário.

Portanto os autores intervêm em segundo plano, mais tardiamente.
E isto não diz respeito apenas a Beaumarchais: o autor de teatro não é o único modelo. Há uma outra figura emblemática, Rousseau...

Rousseau e não Voltaire.
Voltaire recusa a dependência do vínculo de clientela com relação a patronos privados, particulares,

aristocráticos, mas não o faz absolutamente em nome da defesa do direito de autor; o faz, de um lado, apoiado na segurança que lhe proporciona sua fortuna e, de outro, alegando que, para aqueles que não são ricos e que não querem a humilhação das dependências particulares, o sistema do mecenato do Estado, tal como Luís XIV o havia construído, continuaria sendo o recurso legítimo. Com autores como Rousseau, uma nova aspiração se coloca, a de tentar viver de sua própria pena. Assim, Jean-Jacques vende, várias vezes, *La Nouvelle Héloïse*, uma vez sob pretexto de que se tratava de uma adaptação para a censura francesa, uma outra porque lhe adicionou um prefácio... Para ele, era a única maneira de poder rentabilizar um pouco a escrita.

Aliás, uma vez que tanto na Inglaterra, depois de 1709, quanto na França, depois de 1777, torna-se possível para os autores, e não mais apenas para os livreiros, reivindicar privilégios, vemos muitos autores tentando transformar-se em seus próprios editores.

No fervilhar de iniciativas, como o Estado intervém, por sua vez, para regular o direito de autor?

Em 1709, a monarquia inglesa quer acabar com o sistema corporativo que assegurava a perpetuidade da propriedade sobre os títulos registrados pelos livreiros e gráficos da corporação. Com isto, pretende limitar a duração do *copyright*. Na França, é sobretudo com as discussões das assembleias revolucionárias que o Estado vai intervir de maneira muito forte na legislação com o duplo propósito de proteger o autor e o público. Proteger o autor supõe que algo seja reconhecido de seu direito: impõe-se a ideia de ver as composições literárias como um trabalho; a retribuição desse trabalho é portanto legítima, justificada. Mas, por outro lado, é preciso fazer que o público não seja lesado.

Pode-se dizer que a legislação que sai das assembleias revolucionárias, determinada por essa dupla exigência, vai definir o direito moderno, mesmo que, durante os séculos XIX e XX, os seus dispositivos se tornem mais complexos, mais numerosos e mais precisos. Trata-se de um direito que, de um lado, reconhece a propriedade literária, mas que, ao mesmo tempo, limita seu prazo: uma vez que este expira, a obra se torna "pública". Quando se diz que uma obra caiu em domínio público, isto quer dizer que qualquer um está autorizado a publicá-la, enquanto, antes, o autor, ou os herdeiros, permaneciam seus proprietários exclusivos. Esta concepção de domínio público, de um bem que volta a ser comum depois de ter sido individual, é herdeira direta da reflexão revolucionária: ela tem raízes nos debates do século XVIII e se opõe a todas as reivindicações, quaisquer que tenham sido suas formas, que pretendiam a imprescritibilidade e a perpetuidade da propriedade sobre as obras.

E agora, dois séculos depois, como preservar os princípios do direito de autor na grande confusão eletrônica, quando a obra toma uma multiplicidade de formas, cada vez mais difíceis de apreender?

Página seguinte.
Neste retrato do artista como leitor, o imponente in-fólio comprime a carta dobrada, como se, juntos, eles significassem a dupla relação com a cultura escrita, produzida e recebida. A mão esquerda do leitor segura a capa aberta, enquanto os dedos da mão direita marcam diferentes páginas. Ler um códex é ler vários textos ao mesmo tempo, aproximados e confrontados.
Lorenzo Lotto, *Autoportrait*, cerca de 1530. Veneza, Galeria da Academia.

A lembrança de um outro debate antigo pode ter um certo interesse aqui. Ele não se refere, desta vez, aos direitos do público ou do autor, mas ao objeto no qual a obra se inscreve. Na prática da comunidade dos livreiros e gráficos de Londres, considerava-se que o objeto da propriedade, do *copyright*, era o manuscrito da obra que o livreiro tinha depositado e registrado. Este manuscrito devia ser transformado em livro impresso, mas ele continuava sendo o fundamento, a garantia e o objeto mesmo sobre o qual se aplicava o conceito de *right in copies*, isto é, do direito sobre o exemplar, direito sobre o objeto. Durante o século XVIII, todo um trabalho foi feito para desmaterializar essa propriedade, para fazer com que ela se exercesse não sobre um objeto no qual se encontra um texto, mas sobre o próprio texto, definido de maneira abstrata pela unidade e identidade de sentimentos que aí se exprimem, do estilo que tem, da singularidade que traduz e transmite. Abre-se aqui um caminho para esclarecer a situação contemporânea. O que produz de fato a revolução do texto eletrônico, senão um passo suplementar no processo de desmaterialização, de descorporalização da obra, que se torna muito difícil de estancar? Todos os processos modernos sobre a propriedade literária, em particular, em torno da noção de imitação, de plágio, de empréstimo, já estão ligados a esta dupla questão: a dos critérios que caracterizam a obra independentemente de suas diferentes materializações e a de sua identidade específica. A

distinção entre a obra e o conjunto das materialidades, das formas por meio das quais ela pode ser vista ou ouvida, designa ela própria o lugar de uma questão ao mesmo tempo jurídica e estética que é preciso aprofundar.

Num momento em que a multimídia permite expor, como em uma vitrina, produtos como livros, CD-Roms, filmes ou derivados, a reflexão do século XVIII é ainda interessante, mas não suficiente.

Ela é ainda interessante. Se considerarmos *A cartuxa de Parma*, trata-se de um texto completamente independente da materialidade dos livros ou filmes nos quais a obra se encontra disseminada, desdobrada, difundida; portanto, o juízo estético supõe que se construa um tipo de obra que transcenda a todas as formas particulares que esta obra pode tomar. As categorias jurídicas também promovem esse trabalho de desmaterialização, aplicando-se a uma realidade construída, abstrata, a uma obra que existe como categoria, como ficção. De tal sorte, que o direito e a estética percorrem um movimento similar que conduz à produção de uma entidade, de uma obra com traços específicos, que não são aqueles das formas materiais em que ela se encarna.

Mas, todo leitor diante de uma obra a recebe em um momento, uma circunstância, uma forma específica e, mesmo quando não tem consciência disso, o investimento afetivo ou intelectual que ele nela deposita está ligado a este objeto e a esta circunstância. Vemos portanto que, de um lado, há um processo de desmaterialização que cria uma categoria abstrata de valor e validade transcendentes, e que, de outro, há múltiplas experiências que são diretamente ligadas à situação do leitor e ao objeto no qual o texto é lido. Eis aí o desafio fundamental que deve ser compreendido, no século XVI como no XX, da cultura escrita. Agora, se pensamos no mundo contemporâneo da multimídia, na passagem de uma mesma obra, do livro ao CD-Rom, do CD-Rom ao filme, esta questão se põe de modo particularmente agudo. As categorias do direito aplicadas a estes objetos são categorias que reduzem e até anulam as diferenças.

Hoje, nos contratos de autor, cláusulas preveem as diferentes mutações possíveis do texto que vai se tornar inicialmente um livro, mas que pode ser em seguida uma adaptação cinematográfica, televisiva, um CD-Rom, um texto eletrônico etc. O trabalho consiste em constituir noções ou conceitos capazes de englobar todas estas formas para unificá-las ainda que as desmaterializando. De um outro lado, para o autor, e *a fortiori* para o leitor, as propriedades específicas, os dispositivos materiais, técnicos ou culturais que comandam a produção de um livro ou sua recepção, de um CD-Rom, de um filme, permanecem diferentes, porque eles derivam de modos de percepção, de hábitos culturais, de técnicas de conhecimento diferentes. A obra não é jamais a mesma quando inscrita em formas distintas, ela carrega, a cada vez, um outro significado.

Sim, mas o autor continua operando sob as regras de construção do livro tais como ele as herdou.

Talvez os autores da era multimídia, um pouco como o autor de teatro, sejam governados, não mais pela tirania das formas do objeto-livro tradicional, mas, no próprio processo da criação, pela pluralidade das formas de apresentação do texto permitida pelo suporte eletrônico. Desde já, vemos obras escritas que, desde o momento de sua produção, são pensadas em relação ao que elas se tornarão sob forma de adaptação cinematográfica ou televisiva. Pode-se igualmente imaginar, no que diz respeito a textos mais áridos ou mais austeros, que eles sejam imediatamente produzidos como multimídia. Lembremos da consciência que certos autores antigos tinham da forma do livro, da tipografia, da disposição do texto. Entre os séculos XVI e XVIII, ou mesmo no XIX, há autores mais sensíveis, mais abertos a esta "consciência tipográfica" do que outros: aqueles que jogam com as formas, aqueles que querem controlar a publicação impressa, que querem subvertê-la ou revolucioná-la. Nem todos os autores deixavam a responsabilidade da forma para a oficina. Por analogia, a "consciência multimídia" contemporânea poderia aparentar-se a esta consciência tipográfica muito esquecida. Poder-se-ia pensar que, progressivamente, é a concepção do texto que vai ser modificada e que carregará, desde o momento do processo de criação, os vestígios dos usos e interpretações permitidos pelas suas diferentes formas.

Você quer dizer que o fluxo vai modificar o estoque?

É bem possível, sim. Neste momento, raciocina-se como se um estoque existisse e os diferentes fluxos o distribuíssem. Creio que se deve desenvolver uma reflexão inversa, indo das formas em direção ao que elas transmitem, atendo-nos à diversidade das significações de um "mesmo" texto quando mudam suas modalidades de difusão. Talvez, nos séculos XXI e XXII, os autores possam ser classificados em função de sua maior ou menor acuidade e agilidade na percepção e manejo das novas possibilidades abertas pelas técnicas multimídia.

O leitor

entre limitações e liberdade

Ao sol poente, no campo, um leitor solitário. Intensamente voltado para o livro de devoção que segura em sua mão direita. Na era romântica, a leitura ao ar livre estabelece uma estreita correspondência entre a harmonia da Natureza e a força da Palavra divina, a mediação religiosa e a presença no universo. Carl Spitzweg, *Le lecteur de bréviaire, le soir*, cerca de 1845-1850.
Paris, Museu do Louvre.

A leitura é sempre apropriação, invenção, produção de significados. Segundo a bela imagem de Michel de Certeau, o leitor é um caçador que percorre terras alheias. Apreendido pela leitura, o texto não tem de modo algum – ou ao menos totalmente – o sentido que lhe atribui seu autor, seu editor ou seus comentadores. Toda a história da leitura supõe, em seu princípio, esta liberdade do leitor que desloca e subverte aquilo que o livro lhe pretende impor. Mas esta liberdade leitora não é jamais absoluta. Ela é cercada por limitações derivadas das capacidades, convenções e hábitos que caracterizam, em suas diferenças, as práticas de leitura. Os gestos mudam segundo os tempos e lugares, os objetos lidos e as razões de ler. Novas atitudes são inventadas, outras se extinguem. Do rolo antigo ao códex medieval, do livro impresso ao texto eletrônico, várias rupturas maiores dividem a longa história das maneiras de ler. Elas colocam em jogo a relação entre o corpo e o livro, os possíveis usos da escrita e as categorias intelectuais que asseguram sua compreensão.

Você, que prefaciou e comentou os grandes livros de Norbert Elias, especialista da civilização dos costumes e das maneiras da mesa, não acha que a história das maneiras de ler está por fazer e por descobrir?

Elias mostrou como as normas de comportamento e os limites morais tinham sido submetidos a exigências intensificadas entre os séculos XVI e XIX. A instauração obrigatória do silêncio nas bibliotecas universitárias na Idade Média central vai na mesma direção. Encontramos, nas bibliotecas, esta mesma ideia de um comportamento que deve ser regulado e controlado. Observe, mais tarde, no século XVIII, as sociedades de leitura, que tiveram muita importância na Alemanha das Luzes. Menos desenvolvidas na França, eram numerosas na Inglaterra, sob a forma dos *book clubs*. Nos seus regulamentos, está previsto que o lugar da leitura deve ser separado dos lugares de um divertimento mais mundano – aqueles onde se pode beber, conversar e jogar. Os regulamentos dessas sociedades de leitura, na Alemanha, são um dos suportes disso que Elias designou como o processo de civilização, que obriga os indivíduos a controlar suas condutas, a censurar seus movimentos espontâneos e a reprimir seus afetos. Deve-se contudo matizar isso. A história das práticas de leitura, a partir do século XVIII, é também uma história da liberdade na leitura. É no século XVIII que as imagens representam o leitor na natureza, o leitor que lê andando, que lê na cama, enquanto, ao menos na iconografia conhecida, os leitores anteriores ao século XVIII liam no interior de um gabinete, de um espaço retirado e privado, sentados e imóveis. O leitor e a leitora do século XVIII permitem-se comportamentos mais variados e mais livres – ao menos quando são colocados em cena no quadro ou na gravura.

Ainda assim raramente. É sobretudo a partir do momento em que a leitura é representada pela fotografia e pelo cinema que se vê esta liberdade expandir-se e desenvolver-se. Na maioria das representações picturais, o leitor, durante muito tempo, permaneceu sentado.

Páginas seguintes.
À esquerda.
Com o distanciamento próprio da reconstituição histórica, um leitor do século XVIII, nas tintas de um pintor do século XIX, Ernest Meissonier. O leitor aristocrático, vestido de branco, descuidadamente apoiado na borda da mesa, lê um livro de pequeno formato.
Ernest Meissonier, *Le liseur blanc*, 1857. Paris, Museu d'Orsay.

À direita.
Um século antes, numa posição menos descontraída, outro leitor nobre instalou-se comodamente sob as folhagens para ler um manuscrito in-fólio.
A leitura é, ainda aqui, leitura de estudo e de saber, mas abandonou o retiro do gabinete para desfrutar os atrativos do jardim à inglesa.
Louis Carrogis, dito Carmontelle.
Monsieur de Longueil, primeira metade do século XVIII (Gruyer, t. II, n. 28).Chantilly, Museu de Condé.

Com o cinema e a fotografia, em contrapartida, os leitores são surpreendidos pela objetiva. O que permite ver práticas de leitura mais desordenadas, menos controladas. A pintura ou a gravura imobilizam os leitores numa atitude que remete às convenções e códigos atribuídos à leitura legítima. Não se pode daí inferir que todos os leitores lessem forçosamente sentados no interior de um gabinete ou de um salão. Eles podiam ter práticas de leitura mais livres que não eram consideradas como legitimamente representáveis. Os leitores dos livros pornográficos ou eróticos liam talvez com uma única mão, segundo a expressão de Rousseau. Uma questão importante para o trabalho histórico é medir a possível distância entre, de um lado, aquilo que é lícito representar e, de outro, os gestos efetivos, as práticas reais. Frequentemente, os historiadores devem

se contentar com o registro das mudanças nos sistemas de representação. Seria temerário concluir demasiado rápido sobre a realidade dos comportamentos a partir de representações codificadas que dependem tanto das convenções ou dos interesses envolvidos no ato de mostrar – pela pintura, pela gravura – quanto da existência ou da ausência dos gestos que são mostrados.

Assim, um pintor hesitará muito menos em representar um jornal do que um livro. No livro, há um segredo comparável àquele do retrato. Acrescentar um livro em um retrato é acumular segredo sobre segredo e impor-se uma tarefa muito difícil.

Nos séculos XVII e XVIII, um jornal não tem uma estrutura diferente daquela do livro. Quando o jornal adquire um grande formato e uma distribuição ampla, quando ele é vendido na rua a cada número, aí ocorre isso que você diz. Quer dizer, uma atitude mais livre: o jornal é carregado, dobrado, rasgado, lido por muitos. Não estamos tão longe das novas técnicas da representação como a fotografia e o cinema.

Se nos voltarmos para o artigo clássico de Walter Benjamin sobre a fotografia e o cinema, vemos que a fotografia e o cinema ligam-se ao homem comum e permitem uma abertura mais ampla para o mundo social. Assim, práticas não legítimas e mais espontâneas encontram-se representadas, enquanto, antes, elas não entravam nos códigos e temas

Em Paris, no fim do século XIX, duas imagens do jornal.
No alto, a urgência da distribuição: os vendedores do *La Patrie* espalham pela cidade o número que acaba de sair do prelo.
Embaixo, o tempo tranquilo da leitura, em um banco, longe do local de trabalho e da casa.
Nos dois casos, um vínculo forte entre o mundo da imprensa e as sociabilidades masculinas.

da representação. Benjamin observa até que pode nascer, com o cinema e o jornal, uma confusão de papéis entre produtor e consumidor. Nos jornais, a diferença entre redator e leitor se desmancha quando o leitor se torna autor, graças às cartas dos leitores. Produz-se a mesma coisa com o cinema quando ele se põe a filmar, como atores presentes na imagem, aqueles que são os próprios espectadores, por exemplo, os operários filmados na saída das fábricas. A liberdade mais ampla dos gestos é ligada à democratização do acesso à representação e a uma certa interferência entre papéis que antes eram estritamente separados.

O livro permanece, às vezes, como um objeto de honraria em certas fotografias oficiais – François Mitterrand por Gisèle Freund, em 1981 – que perpetuam a antiga tradição do retrato de pessoas que se destacam.

O livro indicava autoridade, uma autoridade que decorria, até na esfera política, do saber que ele carregava.

A fotografia pode ser, por outros meios, a retomada do conjunto de códigos que governavam o retrato do Antigo Regime. Isso pode ser visto em um estudo serial e sistemático das fotografias oficiais dos presidentes da República, seguramente inscritas na continuidade dos retratos oficiais pintados. Pela representação do livro, o poder funda-se sobre uma referência ao saber. Assim, ele se mostra "esclarecido".

Por que o livro é hoje tão pouco presente na pintura, se excetuarmos obras como as de Baselitz ou de Barcelo?

É no século XIX que a pintura se distanciou do livro, com exceção de Fantin-Latour ou Renoir. Mas os grandes pintores inovadores não fazem dele um objeto privilegiado, talvez porque ele pertença ao mundo da norma. Ele aparece apenas nos retratos da burguesia e não nas pinturas que revolucionam os códigos estéticos. Quanto à pintura histórica, no século XIX, a pintura das batalhas, ela expõe temas que excluem a presença do livro, demasiado ligado à intimidade e ao privado. Os pintores que vão reintroduzir a matéria impressa são os cubistas. Em Braque, encontramos muitíssima matéria escrita e impressa, mas colocada a serviço de uma significação diferente, não mais ligada à ideia do livro como demarcador social, mas a um jogo de formas e às relações entre as palavras e o mundo. Encontramos aí uma "reflexão" em ato sobre as relações entre o escrito e a imagem e sobre as ligações entre o espetáculo e o olhar.

A leitura como contemplação, ruminação, meditação, pode ser representada?

Este não foi sempre o caso. Na pintura antiga, entre o fim da Idade Média e o século XIX, o livro, onipresente, estava ligado à força da mensagem sagrada. Pensemos nas imagens da Virgem, nos quadros representando Santa Ana ensinando a Virgem a ler, ou na obra de Rembrandt. Em Rembrandt, a Bíblia é mostrada como algo imenso, sem relação com um objeto tipográfico possível ou real.

Página seguinte.
Madalena pecadora é também Madalena leitora. O pintor italiano do século XVIII reutiliza convenções que são as mesmas das imagens libertinas – o seio desnudo, o corpo esticado, a postura enlanguescida. Atelier de Pompeo Girolamo Batoni, *Sainte Marie Madeleine*, século XVIII. Coleção particular.

Para voltar à questão que atravessa toda esta nossa conversa, a transformação da leitura pelo suporte que a materializa, você deve concordar que está provavelmente ameaçada a lectio divina, tal como a praticam as velhas mulheres de Rembrandt, munidas de óculos diante de seus in-fólio.

Desde a época de Rembrandt, colocava-se a questão se a Bíblia podia ser publicada em pequeno formato. A sacralização do texto, dizia-se, não podia resistir à indignidade do pequeno formato. Ela de fato resistiu à passagem do rolo ao códex, ao abandono do in-fólio e, sem dúvida, resistirá à passagem para o texto eletrônico.

A Bíblia em CD-Rom, que se começa a comercializar na França, é algo diferente de uma espécie de história sagrada lúdica, imprópria a toda postura meditativa?

O novo suporte do texto permite usos, manuseios e intervenções do leitor infinitamente mais numerosos e mais livres do que qualquer uma das formas antigas do livro. No livro em rolo, como no códex, é certo, o leitor pode intervir. Sempre lhe é possível insinuar sua escrita nos espaços deixados em branco, mas permanece uma clara divisão, que se marca tanto no rolo antigo como no códex medieval e moderno, entre a autoridade do texto, oferecido pela cópia manuscrita ou pela composição tipográfica, e as intervenções do leitor, necessariamente indicadas nas margens, como um lugar periférico com relação à autoridade. Sabe-se muito bem – e você sublinhou os usos lúdicos do texto eletrôni-

Sobre esta página de um manuscrito do *Decret de Gratien*, primeira compilação, no século XII, do direito canônico, as múltiplas intervenções de seu ou seus leitores. No texto, copiado pelo escriba e cercado de glosas, os leitores acrescentaram numerosas anotações, colocadas entre as linhas ou as margens. Assim, eles deixaram, no próprio livro, os vestígios de suas maneiras de ler e de compreender a obra. *Decret de Gratien*, cerca de 1140 (manuscrito 354, f.31). Amiens, biblioteca municipal.

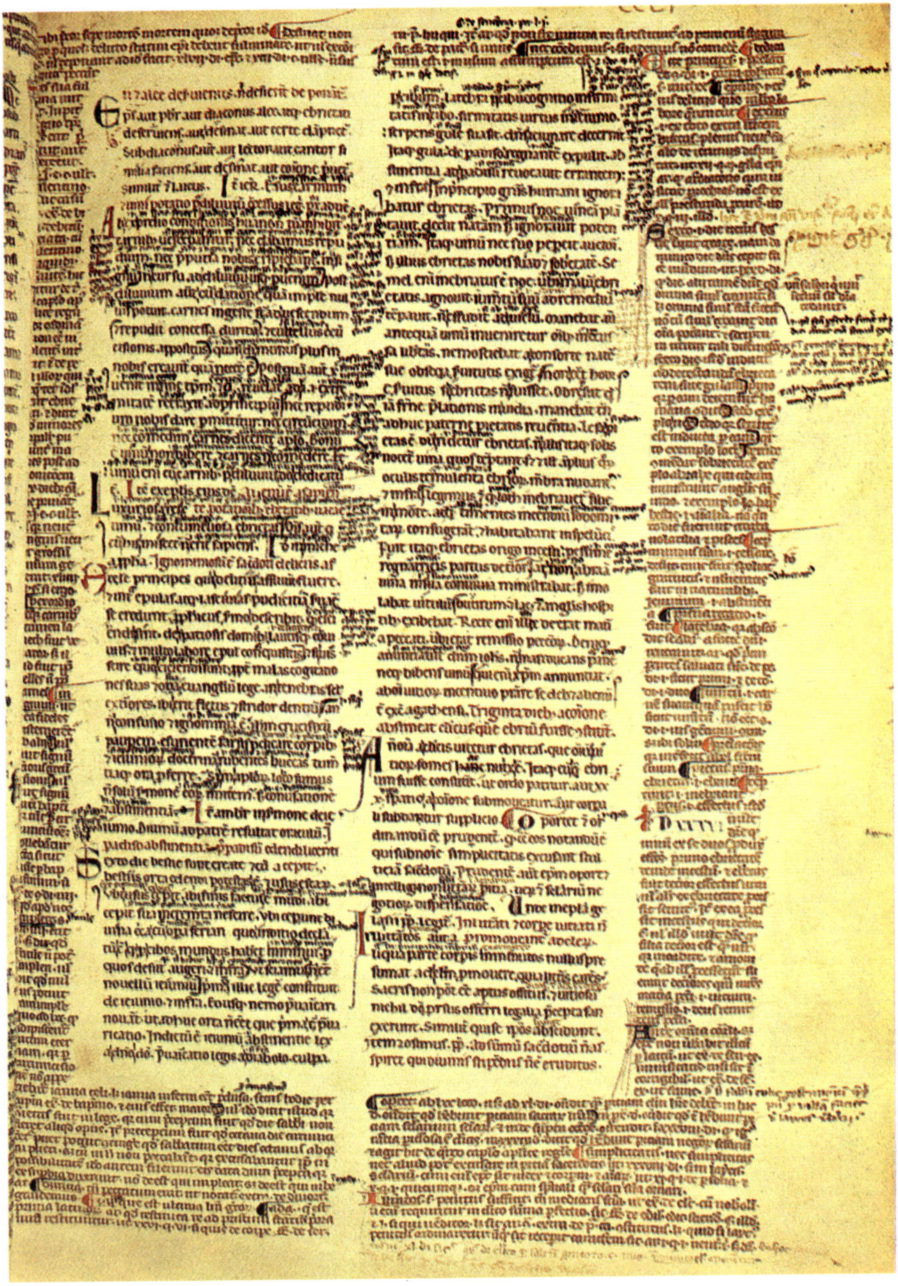

LIVRE PREMIER. 96

liuré bataille aux ennemis à pied sec, & les y auoit desfaicts;
l'esté venu,'il y gaigna contre eux encore vne bataille nauale.
Sur le subiect de vestir, le Roy de la Mexique changeoit qua-
tre fois par iour d'accoustremens, iamais ne les reiteroit, em-
ployant sa desferre à ses côtinuelles liberalitez & recompen-
ses: comme aussi iamais ny pot, ny plat, ny vtensile de sa cuisi-
ne, & de sa table ne luy estoient seruis à deux fois.

Du ieune Caton. CHAP. XXXVII.

E n'ay point cette erreur cômune, de iuger d'autruy
selon moy, & de rapporter la condition des autres
hômes à la mienne. Ie croy aysément d'autruy beaucoup de choses, ou mes forces ne peuuent attaindre. La foi-
blesse que ie sens en moy, n'altere aucunement les opinions
que ie dois auoir de la vertu & valeur de ceux qui le meritent.
Rampant au limo de la terre, ie ne laisse pas de remerquer ius-
ques dans les nuës la hauteur d'aucunes ames heroïques. C'est
beaucoup pour moy d'auoir le iugement reglé, si les effects
ne le peuuét estre; & maintenir, au moins cette maistresse par-
tie, exempte de la corruption & debauche: C'est quelque chose d'auoir la volonté bonne, quand les iambes me faillent. Ce
siecle, auquel nous viuons, au moins pour nostre climat, est si
plôbé, que, le goust mesme de la vertu en est à dire, & semble
que ce ne soit autre chose qu'vn iargon de colliege. *Virtutem
verba putant, vt lucum ligna.* Il ne se recognoît plus d'action pu-
rement vertueule: Celles qui en portét le visage, elles n'en ont
pas pourtant l'essence: Car le profit, la gloire, la crainte, l'accou-
tumance, & autres telles causes estrangeres nous acheminent
à les produire. La iustice, la vaillance, la debonnaireté, que
nous exerçons lors, elles peuuent estre dictes telles, pour la
consideration d'autruy, & du visage qu'elles portent en public, mais chez l'ouurier ce n'est aucunement vertu: Il y a vne

Sobre o chamado exemplar de Bordeaux dos *Essais*, Montaigne colocou, de próprio punho, as correções e as emendas que desejava ver inseridas na reedição de sua obra. Este exemplar corrigido da quinta edição, a de Abel L'Angelier, publicada em 1588, transformou-se assim em uma nova cópia do texto destinada ao impressor. Ele permite entender, mais de perto, o diálogo crítico do autor com sua própria criação.
Paris, Biblioteca Nacional.

co – que isto não é mais verdadeiro. O leitor não é mais constrangido a intervir na margem, no sentido literal ou no sentido figurado. Ele pode intervir no coração, no centro. Que resta então da definição do sagrado, que supunha uma autoridade impondo uma atitude feita de reverência, de obediência ou de meditação, quando o suporte material confunde a distinção entre o autor e o leitor, entre a autoridade e a apropriação? Eu não sei se uma reflexão teológica se desenvolveu no mundo do texto eletrônico, mas ela seria absolutamente apaixonante, ao lado de uma reflexão filosófica ou de uma reflexão jurídica.

Sem dúvida, ela mostraria que se pode distinguir uma abordagem católica ou luterana de uma abordagem calvinista. É assim: conforme as tradições religiosas, mas também conforme as tradições intelectuais ou as pertinências sociais, desenvolve-se uma multiplicidade de abordagens da leitura. Até o infinito?

Até o infinito, não. Ler, leitura, essas palavras armam ciladas. Existe algo mais universal? Há leitores em Roma, na Mesopotâmia, no século XX. É uma invariante, sempre se leu ou nunca se leu o suficiente, isto depende do ponto de vista. Aliás, como você diz com justeza, há esta multiplicidade de modelos, de práticas, de competências, portanto há uma tensão. Mas ela não cria dispersão ao infinito, na medida em que as experiências individuais são sempre inscritas no interior de modelos e de normas compartilhadas. Cada leitor, para cada uma de suas leituras, em cada circunstância, é singular. Mas esta singularidade é ela própria atravessada por aquilo que faz que este leitor seja semelhante a todos aqueles que pertencem à mesma comunidade. O que muda é que o recorte dessas comunidades, segundo os períodos, não é regido pelos mesmos princípios. Na época das reformas religiosas, a diversidade das comunidades de leitores é em ampla medida organizada a partir da pertinência confessional. No mundo do século XIX ou XX, a fragmentação resulta das divisões entre as classes, dos processos diferentes de aprendizagem, das escolaridades mais ou menos longas, do domínio mais ou menos seguro da cultura escrita. Poder-se-ia também evocar o contraste que se revelou, no século XVIII, entre leitores de um tipo antigo, que reliam mais do que liam, e leitores modernos, que agarravam com avidez as novidades, novos gêneros, novos objetos impressos – o periódico, o libelo, o panfleto. A clivagem, aqui, remete a uma oposição entre cidade e campo, ou entre gerações. O que se deve notar, e que é difícil para os historiadores e sociólogos, é o princípio de organização da diferenciação. Não há invariância ou estabilidade deste princípio. O que torna pensável um projeto de história da ou das leituras, que não caísse numa espécie de coleção indefinida de singularidades irredutíveis, é a existência de técnicas ou de modelos de leitura que organizam as práticas de certas comunidades: a dos místicos, a dos mestres da escolástica da Idade Média, a de determinada classe social do século XIX etc.

Os membros dessas comunidades, supondo que possamos identificá-los, imitam, pelo fato de terem sido beneficiados por uma aprendizagem, o comportamento da geração precedente, dos pais, ou pais eletivos. Aquilo que é radicalmente novo, com a revolução eletrônica atual, é que não há processo de aprendizagem transmissível de nossa geração à geração dos novos leitores.

É por isso que esta revolução, fundada sobre uma ruptura da continuidade e sobre a necessidade de aprendizagens radicalmente novas, e portanto de um distanciamento com relação aos hábitos, tem muito poucos precedentes tão violentos na longa história da cultura escrita.

A comparação com duas rupturas menos brutais faz sentido. No início da era cristã, os leitores dos códex tiveram que se desligar da tradição do livro em rolo. Isso não fora fácil, sem dúvida. A transição foi igualmente difícil, em toda uma parte da Europa do século XVIII, quando foi necessário adaptar-se a uma circulação muito mais efervescente e efêmera do impresso. Esses leitores defrontavam-se com um objeto novo, que lhes permitia novos pensamentos, mas que, ao mesmo tempo, supunha o domínio de uma forma imprevista, implicando técnicas de escrita ou de leitura inéditas.

Já foi feito algum estudo sobre os novos comportamentos induzidos em uma geração mais jovem, que tenha sido educada diante da tela?

É difícil pôr em ordem a bibliografia, porque ela é dominada ou pelos discursos técnicos ou pela discussão dos desafios políticos dessas técnicas. A descrição etnológica ou sociológica das práticas continua marginal. Em uma obra coletiva dirigida por Daniel Fabre, *Écritures ordinaires*, encontramos uma análise dos conflitos que surgiram em um laboratório de pesquisa a propósito da utilização do correio eletrônico. De um lado, pesquisadores americanos habituados a receber uma informação considerável e a não respeitar, em suas comunicações, nenhuma das convenções que regulam habitualmente a troca epistolar. De outro, pesquisadores franceses que consideram que os primeiros ocupam a memória como se ocupa um território, de maneira ilegítima, e que, nas comunicações epistolares na tela, é necessário preservar as fórmulas de polidez e de referência aos destinatários. Há, portanto, aí um conflito de civilidade e um conflito de território que traduz, de fato, tensões profissionais, reveladoras da posição desigual de uns e outros no laboratório. Este tipo de estudo oferece uma espécie de etnologia das práticas e permite ver como, na escala de comunidades específicas, surgem conflitos em torno da definição de códigos e de usos que revelam tensões mascaradas.

Sabe-se igualmente que os primeiros leitores eletrônicos verdadeiros não passam mais pelo papel. Nas experiências que foram feitas em torno da Biblioteca Nacional da França, envolvendo uma população de estudiosos ou grandes leitores profissionais, pôde-se observar que alguns dentre eles liam diretamente na tela as informações e os textos armazenados na memória de seu computador. Nos Estados Unidos, vê-se mesmo desenvolver a prática da leitura de conferências na tela do computador portátil, aberto pelo conferencista como era o caderno ou a pasta de papéis. Isto define uma figura do leitor futuro? Talvez.

A leitura

entre
a falta
e o excesso

Durante muito tempo, três inquietações dominaram a relação com a cultura escrita. A primeira é o temor da perda. Ela levou à busca dos textos ameaçados, à cópia dos livros mais preciosos, à impressão dos manuscritos, à edificação das grandes bibliotecas. Contra os desaparecimentos sempre possíveis, trata-se de recolher, fixar e preservar. A tarefa, jamais finda, é ameaçada por um outro perigo: a corrupção dos textos. No tempo da cópia manuscrita, a mão do escriba pode falhar e acumular os erros. Na era do impresso, a ignorância dos tipógrafos ou dos revisores, como os maus modos dos editores, trazem riscos ainda maiores. Daí, os esforços dos autores para escapar das teias da livraria e da reprodução mecânica. Preservar o patrimônio escrito frente à perda ou à corrupção suscita também uma outra inquietude: a do excesso. A proliferação textual pode se tornar obstáculo ao conhecimento. Para dominá-la, são necessários instrumentos capazes de triar, classificar, hierarquizar. Mas, irônico paradoxo, essas ferramentas são elas próprias novos livros que se juntam a todos os outros.

Costurado, portátil, acessível, o livro do século XX é um possível companheiro de cada momento. Ele se tornou um objeto comum que, como a tigela ou o cachimbo, satisfaz os prazeres mais simples.

A proporção dos leitores com relação à população global dos países industriais está a caminho de se reduzir terrivelmente? Podem-se resolver as controvérsias sobre o aumento do iletrismo nos países ricos?

O debate na França, que tem seus equivalentes em outras sociedades europeias ocidentais e nos Estados Unidos, foi provocado há uma dezena de anos pelo "iletrismo" dos jovens, medido por ocasião dos testes de incorporação ao exército. Doze e meio por cento dos jovens eram considerados iletrados. Quando se olhava a composição desses 12,5%, via-se que menos de 1% estava totalmente fora da cultura escrita, não conseguindo ler nem escrever. Mas os outros, isto é, 11,5%, eram considerados iletrados porque, para ler, eram obrigados a oralizar e só conseguiam escrever foneticamente. Para o primeiro critério – a leitura em voz alta como condição de inteligibilidade do texto –, pode-se pensar que, durante longos períodos, esta necessidade não foi unicamente problema dos iletrados; ela era também a de um grande número de pessoas que pertenciam, em maior ou menor grau, ao mundo da cultura letrada. Do mesmo modo que a norma da leitura silenciosa e conduzida apenas pelos olhos, a segunda norma, aquela que separa a escrita da oralidade e impõe o respeito das regras gramaticais e ortográficas, impôs-se tardiamente. Do ponto de vista histórico, é interessante ver como, aumentando as exigências que definem a alfabetização, transforma-

-se o valor, negativo ou positivo, de certos comportamentos e de certas práticas.

Não é o iletrismo que avança, mas são a escrita e a leitura que se tornam mais complexas?

Certamente. O Estado tem outras exigências. Assim como as empresas e as administrações exigem sempre mais. A prova disso é o retorno do ofício de escrevente público. Não o escrevente público a serviço daquele que é totalmente iletrado, mas o escrevente público respondendo às demandas de uma sociedade burocrática na qual se devem respeitar as formas – e os formulários. Quando se escreve uma carta a uma autoridade, quando se preenche um formulário, quando alguém quer apresentar-se (o *curriculum vitae*), o escrevente público torna-se o mediador forçado entre a suposta incompetência daquele que deve escrever e o domínio daquele que conhece as normas. É uma situação que se vê bem nos países da América Latina: em Guadalajara, sob os pórticos de uma grande avenida, dezenas de escreventes públicos datilografam cartas e formulários em máquinas de escrever dos anos 30. O escrevente público era uma figura muito importante das sociedades do Antigo Regime. Ele desaparece perto do fim do século XIX, a partir do momento em que, no interior de uma certa categoria social – empregados domésticos, costureiras, operários, soldados ... –, havia sempre (ou quase

Página seguinte:
Escrever para o outro. O escrevente público é uma figura familiar das cidades do Antigo Regime, sendo um recurso indispensável para os iletrados ou os mal-letrados. Nesta gravura, instalado na sua tenda montada na rua, ele transforma em carta, com certeza de amor, o que uma doméstica lhe dita. Segundo P. A. Wille Filho, *O escrevente público*, gravura, fim do século XVIII, Paris, Biblioteca Nacional.

Dois séculos mais tarde, na Paris ocupada (a fotografia data de 1943), a mediação da escrita feminizou-se e mecanizou-se. Na máquina de escrever, aquela que escreve para os outros dedica-se sem dúvida ao preenchimento dos papéis e formulários oficiais requeridos pela administração. Madame Legrand, escrevente pública. Paris, 1943.

sempre) um colega que, no próprio meio, podia prestar aos outros esse serviço da escrita. Isto não quer dizer que as sociedades atuais sejam necessariamente menos alfabetizadas que as do fim do século XIX, mas simplesmente que a interiorização das exigências do Estado burocrático leva a delegar a um especialista aquilo de que não nos sentimos capazes nós mesmos.

Encontramos ainda o discurso segundo o qual as classes mais jovens afastam-se da leitura.

Sim, se concordamos implicitamente sobre o que deve ser a leitura. Aqueles que são considerados não leitores leem, mas leem coisa diferente daquilo que o cânone escolar define como uma leitura legítima. O problema não é tanto o de considerar como não leituras estas leituras selvagens que se ligam a objetos escritos de fraca legitimidade cultural, mas é o de tentar apoiar-se sobre essas práticas incontroladas e disseminadas para conduzir esses leitores, pela escola mas também sem dúvida por múltiplas outras vias, a encontrar outras leituras. É preciso utilizar aquilo que a norma escolar rejeita como um suporte para dar acesso à leitura na sua plenitude, isto é, ao encontro de textos densos e mais capazes de transformar a visão do mundo, as maneiras de sentir e de pensar.

Voltamos à problemática de Rousseau, que pensava que todos os métodos de aprendizagem da leitura eram bons, os extraescolares tanto quanto os escolares.

O autodidatismo à la Rousseau supõe uma familiaridade com o mundo do livro e da cultura escrita. Rousseau lembra como eram importantes, no meio genebrino, a relação com os livros da locadora de livros, a educação familiar ... Nesse caso, a aprendizagem extraescolar remete a uma cultura escrita já dominada. Há um outro modelo de autodidatismo: aquele da conquista da cultura escrita a partir do analfabetismo e do iletrismo. É o modelo que foi posto em evidência por Jean Goulemot e Jean Hébrard a partir das *Mémoires* de Jamerey Duval, um pastor ignorante e iletrado que progressivamente conquista a cultura escrita para tornar-se um dos

Páginas seguintes.
Duas leitoras, alemã e russa, do século XIX. Suas posturas são diferentes (uma pôs seu livro sobre uma mesa; a outra, sobre os joelhos, seguindo o texto com o dedo), tanto quanto o lugar de leitura: no severo interior de casa ou perto de um buquê de flores de suave colorido. Mas, para ambas, a leitura é um ato intenso, absorvente, que prende completamente a atenção.

À esquerda, Anna-Maria Elisabeth Jerichau-Baumann, *Portrait d'une jeune fille assise de trois quart, coiffée d'un bonnet rouge e lisant à une table*, 1863. Coleção particular. À direita, Alexei Alexeievuitsch Harmaloff, *Jeune fille lisant*, 1878. Coleção particular.

personagens eminentes da República das letras das Luzes. Jamerey Duval relaciona seu acesso à escrita ao encontro, nas bibliotecas das aldeias, das fábulas ilustradas de Esopo e dos livros da *Bibliothèque Bleue*. Nesse caso, não se trata de leituras ilícitas ou desaprovadas, mas de leituras que ele conquista valendo-se das imagens para decifrar o texto. Os livros da *Bibliothèque Bleue*, pela estrutura repetitiva de sua construção, permitiam um acesso mais fácil ao escrito, ao contrário dos textos mais originais, mais singulares. Desse modo, eles permitem a apropriação indireta da cultura escrita. Portanto temos, de um lado, os ensinamentos da escola e, de outro, todas as aprendizagens fora da escola, seja a partir de uma cultura escrita já dominada pelo grupo social, seja por uma conquista individual, que é sempre vivida como um distanciamento frente ao meio familiar e social e, ao mesmo tempo, como uma entrada em um mundo diferente.

É apenas na Europa do século XIX que o Estado pretende impor a todos uma aprendizagem comum sobre a qual ele manteria o controle. Mas – surpresa! – se olhamos de perto seu discurso percebemos que nessa ocasião as autoridades estavam tão chocadas pela possível proliferação dos leitores quanto estão hoje pela sua suposta rarefação.

É preciso voltar para antes do século XIX. Leitores demais, leitura demais. Estes são dois temas muito importantes na longa duração das sociedades da era moderna, a partir do século XVI. Leitores demais: o tema traduz o modelo estatal estático e fixista

da sociedade do Antigo Regime, na qual os filhos devem copiar os pais. Ora, o acesso à leitura e à escrita leva uma população de colegiais, e depois universitários, a abandonar a terra, ou a loja, em favor dos ofícios da pena e da palavra. Tudo isso contribui para que os poderes e os poderosos vejam nisso uma grande desordem social que enfraqueceria o Estado, já que, desviados dos ofícios da terra ou da manufatura e em busca de cargos e benefícios, os leitores que se tornam estudantes demasiado numerosos obrigam a importar do estrangeiro aquilo que não mais se produz no país. E a teoria mercantilista teme, mais do que tudo, o esgotamento da riqueza metálica do reino, dilapidada para pagar as importações. É um imaginário muito forte, enraizado nas concepções econômicas, que não concebe a ordem social a não ser como reprodução idêntica das condições passadas.

Esse discurso vai muito além do Antigo Regime.
Ele persiste quando começam os grandes deslocamentos
humanos da industrialização. Compara os riscos, para o povo,
entre a multiplicação das leituras e os perigos da urbanização.

Em uma sociedade em que não existe mais uma hierarquia juridicamente codificada das ordens e dos estratos sociais, a abertura democrática permite a mobilidade social. Mas este ideal democrático, que abre para todo indivíduo a possibilidade de entrar na escola elementar, vai ser acompanhado por uma estrita hierarquização dos níveis escolares. Ao mesmo tempo que a educação elementar é considerada necessária, o ensino secundário, e *a fortiori* o universitário, continua um domínio restrito, aberto apenas a uma minoria. O que cria um problema para nossas sociedades contemporâneas, quando o ensino secundário e depois o universitário derrubam as barreiras para seu acesso, acolhendo, de golpe, aqueles que não são mais herdeiros – para retomar o termo de Bourdieu e de Passeron.

Leitores demais, fala-se há muito tempo. E se repete, ainda há mais tempo: leitoras demais!

Em *L'École des femmes*, Arnolphe entrega a Agnes as máximas do casamento que ele escreveu: isto supõe que existe uma mulher leitora. Mas ele se aborrece amargamente pelo fato de que ela aprendera a ler, o que permite a Agnes dirigir bilhetes a seu amante. Durante muito tempo, a leitura das mulheres foi submetida a um controle que justificava a mediação necessária do clero, por temor das interpretações selvagens, sem garantia do poder. Poder-se-ia comparar esta obsessão com o medo que a Igreja sentia diante da leitura da Bíblia por todos os cristãos. O próprio Lutero, desde os anos 1520, depois de ter dado a todos a Bíblia, traduzindo-a para o alemão, tem um movimento de recuo quando percebe que ela suscita interpretações – a dos anabatistas, por exemplo – política e socialmente perigosas. Daí o retorno ao catecismo e ao ensinamento do pastor.

Até quando se estende este discurso defensivo, que julga mais perigosos os riscos da leitura do que vantajosa a sua difusão? As estranhas reações provocadas pelo aparecimento do livro de bolso, logo antes e sobretudo depois da Segunda Guerra Mundial, não poderiam ser comparadas à censura e à vigilância diante da Bibliothèque Bleue e dos livros de divulgação?

De fato, o medo do excesso de livros é bastante antigo. Encontramo-lo desde o tempo em que a produção do livro não tinha, ainda, a dimensão que terá no século XIX ou no início do XX. A multiplicação dos livros é garantida, primeiro, pela invenção de Gutenberg, segundo, no século XIX, pela industrialização da atividade gráfica e, enfim, no século XX, pela multiplicação das tiragens graças aos livros de bolso. Diante dessa multiplicação, há aqueles que estão em condições de dominá-la porque sua cultura e os instrumentos que ela construiu permitem orientar-se racionalmente nesse mundo prolífico, e aqueles que, completamente desarmados diante desta profusão, fazem as más escolhas e são como que asfixiados ou afogados pela produção escrita. Em suma, eles leem aquilo que jamais deveriam ter lido. Portanto, a ideia da proliferação das leituras incontroladas anda de mãos dadas com a da multiplicação dos leitores incontroláveis. O livro de bolso deu uma nova forma a estas publicações precárias, pouco cuidadas e pouco custosas que, desde o fim do século XVI, eram destinadas àqueles e àquelas que não podiam ou não queriam entrar nas livrarias. O conjunto dessas coleções, séries e bibliotecas era vendido por mas-

A partir dos anos 1830, a produção do livro entrou em uma nova era. A impressão, a fabricação do papel, a encadernação e depois a composição foram industrializadas. Daí surgem, como neste caso em Essen, em 1900, verdadeiras fábricas de livros, que reúnem em vastas oficinas uma significativa força de trabalho. Oficinas da empresa gráfica e casa editora W. Girardet, em Essen, perto de 1900.

cates – o que não quer dizer necessariamente no campo. "Sem qualidade", estas obras eram condenadas ao desdém dos letrados e ao desaparecimento. A mesma coisa se disse do livro de bolso. Aqueles que o menosprezavam ou temiam expressavam sua nostalgia por uma forma nobre do livro e receavam a perda de controle sobre a cultura escrita, apoiada em um conjunto de dispositivos, como o comentário ou a crítica, que produzem uma triagem entre as diferentes classes de leitores e as diferentes categorias de leituras.

Passado o tempo, em vez disso, observa-se que o livro de bolso acabou multiplicando a leitura entre aqueles que já eram leitores, mais do que conduzindo à leitura aqueles que não estavam familiarizados com a cultura dos livros. São os textos que pertencem ao *corpus* clássico de textos "legítimos" que encontraram primeiro um novo destino com o livro de bolso. Em seguida, ele foi o suporte para outros tipos de literatura, como os romances policiais, a coleção *Harlequin* etc. Mas, na origem, o livro de bolso, como a *Bibliothèque Bleue*, graças a uma nova forma, mais acessível e menos cara, tinha como objetivo levar a novos leitores aquilo que tinha sido publicado para outros. De fato, com a *Bibliothèque Bleue*, uma vez passada a primeira fase de desaprovação, o livro de bolso tornou-se objeto de coleção. É bem cedo, desde o século XVIII, que aparecem os colecionadores da *Bibliothèque Bleue*. Encontramos assim coleções da *Bibliothèque Bleue* na Biblioteca Nacional, ornadas de soberbas encadernações com brasões da elite. Este olhar aristocrático sobre um objeto popular é uma primeira manifestação da atitude que faz que se estimem e se procurem os objetos depreciados.

As autoridades durante muito tempo atribuíram-se o poder de guiar e selecionar: a família, a Igreja – lembre-se do sucesso extraordinário do abade Bethleem e de seus Livres à lire, livres à proscrire –, a escola, e, no seu prolongamento, o bibliotecário público, que é uma outra forma de mestre-escola. Hoje se produz uma ruptura. Por que, de repente, nenhuma dessas autoridades assume mais o papel de selecionar, de afastar ou desaconselhar certas leituras? Como se o pânico diante da dificuldade da leitura predominasse sobre a missão primeira de todos esses corpos constituídos.

Cada uma das instituições mencionadas, a escola, a Igreja, a família e a biblioteca, tem razões próprias que explicam sua incerteza. Seria um pouco apressado considerar que é possível inscrevê-las em uma mesma perspectiva. No século XIX, os três grandes discursos sobre a leitura, o da escola, o da Igreja e o da biblioteca – que correspondem a três corpos profissionais, para falar como Max Weber, os padres, os professores e os bibliotecários –, tinham conteúdos diferentes (a escola republicana e a Igreja romana não tinham a mesma concepção sobre o que era bom para ler). Mas é verdade que elas usavam os mesmos instrumentos para impor o *corpus* das obras e das práticas consideradas legítimas. Os três discursos de autoridade desagregaram-se, talvez porque o mundo social tenha se distanciado das instituições que os enunciam. Por sua complexidade, sua imprevisibilidade, pelos caminhos frequentemente encobertos que tomam, as práticas de leitura emanciparam-se frente às ordens e normas – assim como o fizeram as práticas sexuais.

A biblioteca

entre

reunir

e dispersar

Pintado por Carl Spitzweg, este ávido leitor, que acumulou os livros numa impressionante biblioteca e que segura quatro ao mesmo tempo (um em cada mão, um sob o braço e um outro preso entre as pernas), manifesta a inquietante vertigem criada pela proliferação do escrito, a paixão de acumular e a obsessão da leitura. Carl Spitzweg, *Le rat de bibliothèque*, cerca de 1850. Schweinfurt, coleção Georg Schaefer.

Desde Alexandria, o sonho da biblioteca universal excita as imaginações ocidentais. Confrontadas com a ambição de uma biblioteca onde estivessem todos os textos e todos os livros, as coleções reunidas por príncipes ou por particulares são apenas uma imagem mutilada e decepcionante da ordem do saber. O contraste foi sentido como uma intensa frustração. Esta levou à constituição de acervos imensos, à vontade das conquistas e confiscos, a paixões bibliófilas e à herança de porções consideráveis do patrimônio escrito. Ela inspirou, igualmente, a compilação dessas "bibliotecas sem paredes" que são os catálogos, as coletâneas e coleções que se pretendem paliativos à impossibilidade da universalidade, oferecendo ao leitor inventários e antologias. Com o texto eletrônico, a biblioteca universal torna-se imaginável (senão possível) sem que, para isso, todos os livros estejam reunidos em um único lugar. Pela primeira vez, na história da humanidade, a contradição entre o mundo fechado das coleções e o universo infinito do escrito perde seu caráter inelutável.

É preciso perguntar-se agora de que maneira o leitor armazena textos. Quando sonha com uma biblioteca ideal, o seu desejo é ver reunido o máximo de conhecimentos em um espaço delimitado. Assim nasceu o mito de Alexandria.

Em Alexandria, o texto se apresentava ainda sob a forma de rolos. Com mais de quinhentos mil rolos, a biblioteca de Alexandria dispunha, de fato, de um número de obras muito menos significativo, já que uma obra podia ocupar, sozinha, dez, vinte, até trinta rolos. O catálogo da biblioteca era constituído de cento e vinte rolos. É possível imaginar as operações manuais que a busca do universal exigia.

Na sua origem, à qual você está estreitamente associado, a Biblioteca da França, antes que se tornasse Biblioteca Nacional da França, pretendia nada menos que restabelecer o grande projeto de Alexandria.

O projeto era orientado por uma visão do mundo, uma ideia do progresso, que buscava oferecer a todo indivíduo aquilo que poderia tornar mais potente o seu olhar sobre si mesmo e sobre o mundo. O centro do projeto inicial residia na comunicação à distância de textos transformados, numerados e convertidos em textos eletrônicos. Como a biblioteca se identificava com a rede que permitiria a comunicação de textos eletrônicos, a questão de sua construção era de importância apenas simbólica.

Mesmo assim, foi necessário determinar sua implantação, porque uma grande biblioteca do futuro não podia promover apenas o modo de leitura que se supunha ser o do futuro, mas satisfazer também as outras demandas de leitura.

Era necessário preparar, com efeito, a biblioteca imaterial e ao mesmo tempo aproximar as leituras de estudiosos da Biblioteca Nacional da leitura pública à maneira anglo-saxônica. Um leitor profissional pode ter grande prazer em perambular em uma biblioteca pública, aberta, com livre acesso às prateleiras, e, desse modo, circular no meio daquilo que é oferecido. Nas bibliotecas de pesquisa, tais como as que existem na França, você somente encontra os livros que são procurados. Na biblioteca pública, você deve encontrar livros que não procura, como se fossem eles que o procurassem. A biblioteca eletrônica permite, por sua vez, compartilhar aquilo que até agora era oferecido apenas em espaços onde o leitor e o livro deveriam necessariamente estar juntos. O lugar do texto e o do leitor podem então estar separados.

No fundo, essa separação entre o texto e o leitor é mais facilmente concebível do que a junção, ou simplesmente a colocação em um mesmo lugar, das diferentes categorias de leitores: pesquisadores e curiosos, silenciosos e falantes.

A coexistência pode ser regulada pela disposição arquitetural, que deve possibilitar a convivência, em boa harmonia, de vários tipos de leitura. Os primeiros textos que impunham silêncio nas bibliotecas não datam senão dos séculos XIII e XIV. É apenas nesse momento que, entre os leitores, começam a ser numerosos aqueles que podem ler sem murmurar, sem "ruminar", sem ler em voz alta para eles mesmos a fim de compreender o texto.

No suave conforto de um interior burguês, a leitora enlanguescida preferiu os romances em brochura (um está aberto no chão, como se a leitura tivesse sido interrompida e o outro é seguro pela sua mão esquerda) em vez daqueles encadernados da estante, bem arrumados mas sem dúvida pouco lidos.
Georges Croegaert (nascido em 1848), *Heures de loisirs*, início do século XIX. Coleção particular.

Os regulamentos reconhecem esta nova norma e a impõem àqueles que não teriam ainda interiorizado a prática silenciosa da leitura. Pode-se então supor que antes, nas *scriptoria* monásticas ou nas bibliotecas das primeiras universidades, ouvia-se um rumor, produzido por essas leituras murmuradas, que os latinos chamavam de *ruminatio*. O silêncio é uma conquista recolocada em questão hoje. O problema se põe todas as vezes que uma prática cultural ganha aqueles que não tenham sido formados, por tradição familiar ou social, a recebê-la nas condições que ela exige. O cinema é bem sintomático dessa visão. Há hoje, nas salas de cinema, muitos espectadores que reagem como se estivessem diante de sua televisão. Eles falam, comunicam-se, comentam, como se a sala fosse um lugar em que o silêncio não se impusesse. Enquanto para outros espectadores, habituados a uma outra maneira de ser, o silêncio é uma condição necessária do prazer cinematográfico.

A sua preocupação é fazer com que se abram, uma à outra, a tradição da leitura do estudioso e a tradição da leitura pública.

Sim, mas a dificuldade na França reside na fragilidade desta última. Talvez tenha havido em nosso país uma idade de ouro do catolicismo, depois da Revolução, ou uma idade de ouro da escola republicana, entre 1870 e 1914. Em contrapartida, jamais houve idade de ouro das bibliotecas públicas, diferentemente do que se passou na Inglaterra vitoriana ou, mais tarde, no mundo anglo-saxão, estendido até os Estados Unidos, a Nova Zelândia e a Austrália.

Por que esta exceção francesa?

A *public library* nos Estados Unidos, com suas raízes inglesas do século XVIII, era, no século XIX, uma instituição central da comunidade urbana, e seus fortes vestígios podem ser vistos em todas as grandes cidades americanas. A *New York Public Library* é tão importante quanto a biblioteca do Congresso ou a de Harvard. Uma explicação simplificada consiste em relacionar esta instituição com uma cultura protestante do livro. Sem dúvida isto conta. Mas não explica tudo. Talvez ela esteja ligada à intensidade da cultura comunitária. Esta última se fortaleceu nas sociedades de leitura, nas *subscription libraries* ou nos *book clubs*. São bibliotecas montadas por indivíduos que se reúnem para cotizar, comprar livros a fim de constituir uma biblioteca ou revender as obras ao cabo de um ano, como nos *book clubs*.

Esta forte cultura comunitária, que se moldou no interior dos diferentes protestantismos, ingleses ou americanos, jamais existiu na sociedade francesa: esta sempre teve uma estrutura mais vertical, mais hierárquica, em que o peso da autoridade é mais forte do que a iniciativa coletiva. Talvez resida aí uma chave mais fundamental que a chave religiosa.

Mesmo que a França não tenha public libraries como outros países, ela tem uma história, uma ideologia, uma política da leitura pública.

Sim, e uma história marcada por dois momentos importantes. O primeiro nasce da constatação, entre 1850-1870, da incapacidade das bibliotecas municipais (cujos acervos tinham sido consideravelmente ampliados pelos confiscos revolucionários) no sentido de assegurar a leitura como uma atividade pública. Talvez eu esteja fazendo uma caricatura, mas estas bibliotecas ficavam apenas entreabertas, empoeiradas; eram, afinal, depósitos inertes. Por isso surgem as bibliotecas da Sociedade Franklin, da Liga do Ensino, dos Amigos da Instrução Pública, que procuram, tanto pelos objetivos de sua abertura quanto pelos acervos oferecidos, cumprir a função de bibliotecas públicas, populares, abertas àqueles que não ousam ou não querem atravessar as portas da biblioteca municipal.

O segundo momento ocorre depois da Primeira Guerra Mundial, a aplicação do modelo americano: a leitura pública supõe que a biblioteca saia de seus muros, vá ao encontro dos leitores, com os ônibus-bibliotecas, as bibliotecas circulantes instaladas nos bairros, as bibliotecas nas empresas. Os resultados foram bem concretos, ainda que tenha havido uma certa decepção quanto à transformação das práticas de leitura. É um movimento cuja inspiração continua sendo muito útil. Neste mesmo momento em que estamos conversando, está

Uma representação idealizada de uma biblioteca antiga. Os livros, dispostos em ordem, conservados como em um tesouro, são mostrados sem nenhum realismo, diferentemente do manuscrito seguro pelo personagem à direita. Miniatura extraída do *Roman de Troie*, de Benevoit de Sainte More, século XV. Paris, Biblioteca Nacional

ocorrendo uma revolução técnica, com o que ela tem de promissor e de temerário. É por isso que se deve conservar, no interior do debate sobre a biblioteca eletrônica, se não as fórmulas ou os instrumentos da leitura pública, ao menos o espírito que ela possuía.

> *Em Une jeunesse allemande, Golo Mann, filho de Thomas, descreve os anos 20 como os últimos anos em que os acadêmicos podiam pensar em colecionar em suas vastas bibliotecas todos os conhecimentos de que tinham necessidade. Depois, os próprios acadêmicos tiveram de participar da leitura pública.*

Esta ideia do fim do século XIX e início do XX, segundo a qual se podiam abraçar, em uma área espe-

Na Biblioteca pública de informação do Centro Georges-Pompidou, o encontro entre os livros e as telas, a proximidade entre as diferentes mídias. Mas, igualmente, a separação ainda conservada entre o escrito, lido no livro, o periódico ou o jornal, e a tela, dedicada à imagem sonora do cinema ou do vídeo. Amanhã, ou ainda hoje, a multimídia promete outra coisa: no mesmo suporte, a recepção do texto, da imagem e do som.

cífica do saber, todas as publicações fundamentais e portanto, em certo sentido, dominar e instalar em casa este conhecimento exaustivo, se desfez com o crescimento do número de professores, a proliferação de revistas, a multiplicação das pesquisas. A posse particular do saber torna-se impossível e entramos na era, talvez particularmente inquietante para o trabalho intelectual, do desconhecimento forçado. Salvo se reduzirmos drasticamente nosso domínio de especialização, ao qual o modelo antigo pode ser ainda transposto. Desde que este seja dimensionado mais amplamente, as bibliotecas, sejam elas nacionais, públicas ou universitárias, tornam-se um recurso absolutamente indispensável, e guias, recursos, instrumentos devem ser inventados para limitar as inevitáveis perdas.

Aparece então uma outra imagem da biblioteca. De lugar de proteção, de receptáculo da eternidade que era, eis que ela se torna invasora, ameaçadora, incontrolável.

O tema da crise do livro ligada à superprodução aparece desde a segunda revolução industrial do livro, no século XIX, a dos anos 1860-1870, quando se abandona a composição manual de Gutenberg para passar à era do monotipo e depois à do linotipo. O aumento das tiragens, o crescimento da produção impressa, sem falar da produção do jornal e a multiplicação dos periódicos e revistas, acompanham esta mutação técnica. Deve-se notar que a primeira revolução da industrialização do livro, dos anos 1820-1830, que é uma industrialização da impressão, não tinha originado os mesmos fenômenos. As tiragens não cresceram significativamente antes de 1860. O número de títulos publicados aumenta a cada ano, mas não em proporções consideráveis. Se se considerar que no fim do Antigo Regime havia entre três ou quatro mil títulos publicados na França, atingem-se seis ou oito mil títulos em 1860. É depois desta data que o crescimento muda de escala. Portanto, entre 1910 e 1914, é que surge o tema de uma crise de superprodução. Já se discutia a ideia de haver livros demais com relação à capacidade dos leitores. Muitas casas de edição faliram naquele momento, o que deixou espaço aberto para as grandes casas publicadoras do século XX, que ainda são, em parte, aquelas que conhecemos. Encontramos assim, nas discussões sobre o excesso da produção impressa, a ideia de que livros demais é algo que pode ser perigoso ou inútil para a constituição do próprio saber, que supõe escolhas e triagens.

Um bom leitor é alguém que evita um certo número de livros, um bom bibliotecário é um jardineiro que poda sua biblioteca, um bom arquivista seleciona aquilo que se deve refugar ao invés de armazenar. Eis aí temas inéditos de nossa época.

Sim. A presença do escrito nas sociedades contemporâneas é tal que ela supera toda capacidade de conservação, mesmo para a maior biblioteca do mundo, que é a do Congresso dos Estados Unidos, que seleciona e envia a outras bibliotecas os materiais que não pode aceitar. Aliás, é preciso pensar não apenas nos livros, mas também em todos os materiais impressos. Qualquer um pode fazer a experiência, observando quantos materiais impressos chegam na sua caixa de correio. Indo para além desta modesta experiência para a dimensão da produção impressa, quaisquer que sejam esses materiais, percebe-se a necessidade absoluta da triagem, para a gestão, a organização, o próprio domínio da conservação desta produção. Face a esta proliferação, mais uma vez uma resposta foi procurada do lado da eletrônica. A partir do momento em que se transforma uma revista, um periódico, um livro em um texto eletrônico acessível em uma tela, propagado pela rede, parece que se pode dispensar a

Ler em companhia, mesmo quando em silêncio, é estabelecer cumplicidade e convivência a partir do texto. As duas irmãs de Renoir mostram o prazer imorredouro de compartilhar o livro, em uma época em que a leitura solitária se tornou a norma escolar e social.
Auguste Renoir, *Les deux soeurs*, 1889. Coleção particular.

conservação do objeto original, já que o texto, de qualquer modo, subsiste.

Os historiadores do livro (como eu) estão, no entanto, muito preocupados com essa evolução. Com efeito, a forma do objeto escrito dirige sempre o sentido que os leitores podem dar àquilo que leem. Ler um artigo em um banco de dados eletrônico, sem saber nada da revista na qual foi publicado, nem dos artigos que o acompanham, e ler o "mesmo" artigo no número da revista na qual apareceu, não é a mesma experiência. O sentido que o leitor constrói, no segundo caso, depende de elementos que não estão presentes no próprio artigo, mas que dependem do conjunto dos textos reunidos em um mesmo número e do projeto intelectual e editorial da revista ou do jornal. Às vezes, a proliferação do universo textual acabou por levar ao gesto da destruição, quando devia ser considerada a exigência da conservação.

O numérico

como sonho
de universal

Os homens do século XVIII viam a circulação do escrito como a própria condição do progresso das Luzes. Graças a ela, todos estão em igualdade para julgar as instituições e opiniões e submeter à discussão comum suas próprias ideias. Um novo espaço crítico e político nasce desse exercício público da razão pelas pessoas privadas. A comunicação à distância, livre e imediata, propiciada pelas redes eletrônicas, dá um novo alento a este sonho, em que toda a humanidade participaria do intercâmbio dos julgamentos. Mas este futuro possível não está inelutavelmente inscrito nas mutações da técnica. Estas podem delinear um futuro bem diferente, no qual comunidades separadas, ou indivíduos isolados, não mais compartilharão qualquer referência comum. Assim, ao universal, prometido pelo intercâmbio dos saberes e informações, opõe-se a justaposição de identidades singulares, voltadas para as suas diferenças. Portanto, refletir sobre as revoluções do livro e, mais amplamente, sobre os usos da escrita, é examinar a tensão fundamental que atravessa o mundo contemporâneo, dilacerado entre a afirmação das particularidades e o desejo de universal.

O livro, sobretudo quando é antigo, ilustrado e precioso, figura frequentemente entre os objetos que os colecionadores consideram como raridades. Ele participa do inventário do mundo e indica, também, a efemeridade das coisas.
Jan van der Heyden, *Coin de pièce avec curiosités*, século XVII. Budapest, Szépmûvészéti Muzeum.

Com o texto eletrônico, enfim, parece estar ao alcance de nossos olhos e de nossas mãos um sonho muito antigo da humanidade, que se poderia resumir em duas palavras, universalidade e interatividade.

As Luzes, que pensavam que Gutenberg tinha propiciado aos homens uma promessa de universal, cultivavam um modo de utopia. Elas imaginavam poder, a partir das práticas privadas de cada um, construir um espaço de intercâmbio crítico das ideias e opiniões. O sonho de Kant era que cada um fosse ao mesmo tempo leitor e autor, que emitisse juízos sobre as instituições de seu tempo, quaisquer que elas fossem, e que, ao mesmo tempo, pudesse refletir sobre o juízo emitido pelos outros. Aquilo que outrora só era permitido pela comunicação manuscrita ou a circulação dos impressos encontra hoje um suporte poderoso com o texto eletrônico.

Primeiro exemplo de aplicação, tomado de um tipo de empreendimento caro às Luzes: a enciclopédia.

Aquilo que está em jogo em todo empreendimento enciclopédico dá uma força particular ao texto eletrônico. Pela primeira vez, no mesmo suporte, o texto, a imagem e o som podem ser conservados e transmitidos. Imediatamente, toda a realidade do mundo sensível pode ser apreendida através de diferentes figuras, de sua descrição, de sua representação ou de sua presença. Existe aí uma força própria da mídia eletrônica para o projeto enci-

No século XVIII, numerosas são as edições financiadas por subscrição. Isso também ocorre com o grande empreendimento filosófico do século, conduzido por Diderot e d'Alembert e publicado por um consórcio de livreiros parisienses. O prospecto, dirigido aos eventuais compradores, anuncia "pelo menos" oito volumes (ao final, serão dezessete) e seiscentas pranchas (em onze volumes). Apesar das dificuldades e das censuras, em suas seis diferentes edições, a obra, publicada dentro e fora do reino, será um *best-seller*, com perto de 25 mil exemplares. Coletânea das obras filosóficas de Diderot, Londres, 1773. Coleção particular.

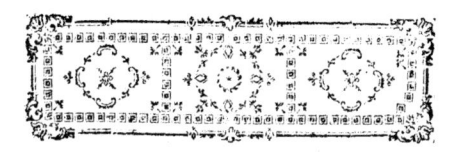

clopédico. Na mesma proporção, no suporte eletrônico, pode-se encontrar uma tradução da inspiração que caracterizou os grandes projetos enciclopédicos: torna-se possível a disponibilidade universal das palavras enunciadas e das coisas representadas.

Além disso, nos projetos enciclopédicos, havia a ideia da organização, da classificação e da ordem. Também aí, graças aos instrumentos de pesquisa existentes nos textos, nas imagens ou nos sons ele-

Uma Bíblia imensa, irreal, maior que o maior dos in-folio, exalta a força da Palavra de Deus. No claro-escuro do quadro de Rembrandt, ela é a luz viva que, pela mediação dos apóstolos (Paulo, neste caso), ilumina cada fiel e toda a cristandade. Rembrandt (1606-1669), *O apóstolo Paulo*, cerca de 1630. Viena, Kunsthistorisches Museum.

trônicos, estas funções são bem mais seguras que aquelas dos livros de ordem comum da Renascença ou das árvores enciclopédicas como a que abre o "Tableau des connaissances" na *Enciclopédia* de Diderot e D'Alembert. Um novo recurso técnico dá uma resposta poderosa a problemas antes difíceis de resolver. A enciclopédia está de acordo com a revolução eletrônica, bem mais que outros tipos de textos, para os quais se pode pensar que permaneçam ligados à comunicação pelo livro impresso e aos gestos que ele supõe.

Segundo exemplo, sempre extraído das formas mais caras ao século XVIII: a revista ou a gazeta, que hoje se chama jornal.

Certo, para as publicações cotidianas ou semanais, mantém-se sempre uma edição em papel, que é o próprio jornal, mas, para certas revistas, esta edição não existe mais. A composição na tela, a transmissão ao leitor, a recepção, a leitura e o armazenamento na memória informática são efetuados sem que em nenhum momento haja inscrição em papel: isto se torna uma realidade na microedição e nada nos impede de pensar que um dia se generalize. Eu colaboro em *Le Monde*, que é sempre, evidentemente, um jornal impresso em papel. Mas, uma vez que os artigos são escritos em computador, depois transmitidos à memória eletrônica do jornal e, a partir desta memória, impressos em várias centenas de milhares de exemplares, por que não pensar que um dia esta composição eletrônica do jornal seja diretamente recebida e lida em uma tela, ao menos por uma parte dos leitores?

O leitor de um artigo de Roger Chartier está sujeito a não ter mais a mesma percepção que tinha quando travava contato com o texto no meio de toda uma matéria impressa.

Efetivamente, mesmo que seja exatamente a mesma matéria editorial a fornecida eletronicamente, a organização e a estrutura da recepção são diferentes, na medida em que a paginação do objeto impresso é diversa da organização permitida pela consulta dos bancos de dados informáticos. A diferença pode decorrer de uma decisão do editor, que, em uma era de complementaridade, de compatibilidade ou de concorrência dos suportes, pode visar com isso diferentes públicos e diversas leituras. A diferença pode também estar ligada, mais fundamentalmente, ao efeito significativo produzido pela forma. Um romance de Balzac pode ser diferente, sem que uma linha do texto tenha mudado, caso ele seja publicado em um folhetim, em um livro para os gabinetes de leitura, ou junto com outros romances, incluído em um volume de obras completas.

Mal acaba de nascer, eis que o sol da universalidade se esconde!

Tanto mais que a utopia do universal é onerada por um segundo mal-entendido que Condorcet já apontava, quando, no século XVIII, falava dos limites da comunicação impressa: trata-se da pluralidade das línguas. Nenhum leitor – mesmo Dumézil – poderá jamais dominar a totalidade das línguas necessárias para ter acesso à universalidade do patrimônio escrito. O projeto da língua universal foi abandonado, tanto o das línguas formais do século XVII (de Leibniz a Condorcet, imaginava-se uma língua universal capaz de formalizar os procedimentos do pensamento) quanto o das línguas inventadas no século XIX, das quais o esperanto não era senão uma das muitas propostas. Persiste portanto um limite intransponível para a realização do universal.

Um outro obstáculo ainda. A cultura impressa – e, antes dela, a cultura manuscrita – produziu triagens, hierarquias, associações entre formatos, gêneros e leituras; pode-se supor que, na cultura que lhe será complementar ou concorrente por numerosos decênios, isto é, o texto eletrônico, os mesmos processos estejam em funcionamento. Também este outro mundo vai fragmentar-se segundo processos de diferenciação ou de divulgação que não andam no mesmo passo e não têm as mesmas formas conforme os diferentes contextos. Uma das dificuldades para pensar esse fenômeno é que o modo como imaginamos o futuro continua sempre dependendo daquilo que conhecemos; o que faz que, para nós, a cultura do texto eletrônico seja forçosamente um mundo de telas. É o computador tal como o conhecemos, são os postos de consulta dos textos eletrônicos nas bibliotecas ou em um

Página seguinte.
Em um país protestante, no século XIX, uma representação ideal da leitura bíblica. Frente a frente, o pai de família, que reuniu em torno de si todos os parentes, e o pastor que explica o texto sagrado. Ao fundo, na sombra, os serviçais. Duas grandes bíblias, a do pregador e a do dono da casa – e uma menor, entre as mãos da jovem, à esquerda. Cada um, na reunião, recebe a palavra divina, lida ou ouvida. Mesmo a criança, que parece desligar-se, com ela se familiariza, folheando, no chão, aquilo que parece ser uma Bíblia ilustrada.
Henri Valkenberg, *Dimanche après-midi dans l'arrière pays*, 1883. Coleção particular

certo número de lugares públicos. A forma desses objetos, os limites que eles impõem parecem distanciados dos hábitos mais íntimos, mais livres, da relação mantida com a cultura escrita. Afirma-se frequentemente que não dá para imaginar muito bem como se pode ler na cama com um computador, como a leitura de certos textos que envolvem a afetividade do leitor pode ser possível através dessa mediação fria. Mas sabemos o que virão a ser os suportes materiais da comunicação dos textos eletrônicos?

A leitura na biblioteca eletrônica refugia-se com frequência em "camarotes", gabinetes isolados ou silenciosos em que está presa sua tela. Isto é exatamente o contrário da postura interativa que se enaltece: comunicamo-nos talvez com o universal, mas não com as pessoas que nos são geograficamente próximas.

O texto eletrônico poderia, com o tempo, supor a retomada da leitura no espaço doméstico e privado ou nos lugares em que a utilização dos bancos de dados informáticos, das redes eletrônicas, é a mais importante. Nos Estados Unidos, o privado pode ter dois sentidos. Ou o privado da casa, ou o privado do escritório, que não supõe mais a leitura sob o olhar do outro, na presença do outro. A trajetória deste novo meio poderia levar a uma forma de leitura mais privada do que aquela que a precedia, por exemplo, na biblioteca. Ter-se-ia aí o limite extremo de um percurso que começou bem antes da informática e da eletrônica, nas sociedades do Antigo Regime. Na época, ler em voz alta era uma forma de sociabilidade compartilhada e muito comum. Lia-se em voz alta nos salões, nas sociedades literárias, nas carruagens ou nos cafés. A leitura em voz alta alimentava o encontro com o outro, sobre a base da familiaridade, do conhecimento recíproco, ou do encontro casual, para passar o tempo. No século XIX, a leitura em voz alta voltou-se para certos espaços. De início, o ensino e a pedagogia: fazendo os alunos ler em voz alta, procurava-se paradoxalmente controlar sua capacidade de ler em silêncio, que era a própria finalidade da aprendizagem escolar. Lia-se ainda em voz alta nos lugares institucionais como a igreja, a universidade, o tribunal. Durante todo um período do século XIX (ao menos na primeira metade), a leitura em voz alta foi também vivida como uma forma de mobilização cultural e política dos novos meios citadinos e do mundo artesanal e depois operário. Em seguida, esvaziaram-se numerosas formas de lazer, de sociabilidade, de encontros que eram sustentados pela leitura em voz alta. Chega-se à situação contemporânea em que a leitura em voz alta é finalmente reduzida à relação adulto-criança e aos lugares institucionais.

A leitura em voz alta alimentava uma relação entre o leitor e a comunidade dos próximos. A leitura silenciosa, mas feita em um espaço público (a biblioteca, o metrô, o trem, o avião), é uma leitura ambígua e mista. Ela é realizada em um espaço coletivo, mas ao mesmo tempo ela é privada, como se o leitor traçasse, em torno de sua relação com o

Em um salão rococó, um leitor bem-nascido faz a leitura para seus companheiros de lazer. O quadro é de de Troy e tem como título *Une lecture de Molière*. O jogo de olhares, trocados ou evitados, tece entre os personagens intrigas múltiplas que transportam para o quadro, e para o espectador, as histórias da comédia.
Jean-François de Troy – *Une lecture de Molière*, cerca de 1728. Coleção particular.

livro, um círculo invisível que o isola. O círculo é contudo penetrável e pode haver aí intercâmbio sobre aquilo que é lido, porque há proximidade e porque há convívio. Alguma coisa pode nascer de uma relação, de um vínculo entre indivíduos a partir da leitura, mesmo silenciosa, pelo fato de ser ela praticada em um espaço público. Com o texto eletrônico poderia se produzir uma reversão definitiva. Na biblioteca, ler-se-á isoladamente. E poder-se-á ler sem sair de casa, porque os textos virão ao leitor enquanto, até então, o leitor devia ir ao livro quando não o possuísse. A relação privada com o texto corre o risco de se separar de toda forma de espaço comunitário. Está levantada a suspeita que nasce com as sociedades contemporâneas: será que elas vão dissolver o espaço público, não somente aquele da cidade antiga, em que se proferiam e escutavam os discursos, mas também o espaço onde podiam articular-se as formas da intimidade e do privado com as formas do intercâmbio e da comunicação?

Fragmentação da leitura, de um lado, modificação da produção editorial, de outro: o perigo é duplo. Nas novas circunstâncias, os dispositivos editoriais mudam. A revolução eletrônica, evidentemente, acelera as concentrações.

É certo que, como vimos neste processo, objetos aos quais estávamos habituados deixam de ser todo-poderosos, e, portanto, a cultura escrita à qual eles estavam ligados. Devemos repensar tanto nossos gestos quanto nossas categorias de conhecimento

e de compreensão. Você menciona a edição e a função do editor. Hoje, com frequência, a edição não é mais do que um ramo no interior de uma empresa múltipla, que desenvolve muitas outras atividades.

Como o texto eletrônico atua sobre esta realidade? Talvez em dois extremos. De um lado, busca-se uma liberdade nova que mistura os papéis e permite aos autores tornarem-se seu próprio editor e seu próprio distribuidor. Lembrávamos dessas revistas científicas que têm apenas existência eletrônica: afinal, são as mesmas pessoas que são seus autores, editores, distribuidores e leitores. Existe uma espécie de afastamento – que seguramente teria agradado às pessoas da República das letras – da comunicação intelectual frente ao mundo do mercado, da empresa, do lucro etc. E, do outro lado do espectro, se pensamos naquilo que se coloca à disposição nas redes eletrônicas, é claro – a discussão sobre as autoestradas da informação mostrou isso – que são as mais poderosas dentre as empresas multimídia que determinam a oferta de leitura, a oferta de comunicação e a oferta de informação. Sendo assim, o futuro da revolução do texto eletrônico poderia ser – poderá ser, eu espero – a encarnação do projeto das Luzes, ou então um futuro de isolamentos e de solipsismos. Ir-se-á ainda mais longe na concentração, isto é, no monopólio exercido sobre a informação e o patrimônio textual que, aliás, anda junto com as dominações linguísticas ou as imposições ideológicas? Ou então, sendo a técnica tão flexível quanto pode ser forte, conseguir-se-á propiciar a possibilidade de intervenção no debate público àqueles mesmos que, no mundo do impresso, não podiam fazê-lo? Eis aí um desafio maior de nosso presente.

Mas a empresa multimídia, em termos de rentabilidade, só pode ser eficaz sob três condições: que ela esteja implantada no maior número de regiões produtivas do mundo, que ela congregue atividades afins – cada produto sendo portanto, desde a sua origem, concebido para a diversificação –, e também que ela tenha uma capacidade de investimento enorme, com os crescentes custos de acesso aos bancos de dados.

A esse respeito, tenho uma lembrança forte: fui convidado para um congresso da Associação Internacional dos Editores, realizado em Barcelona, na primavera de 1996. Fui surpreendido então pela distância entre o discurso sustentado pelo representante de Bertelsmann, essa enorme potência multimídia, e a angústia, a preocupação de editores que não eram especificamente pequenos, mas que se sentiam em uma situação de grande vulnerabilidade. As grandes empresas multimídia controlam um capital importante, dispõem de uma implantação mundial e manejam os produtos derivados, do livro ao filme, do filme ao CD-Rom, do CD-Rom aos programas televisionados etc. Construir esta cadeia de produtos derivados supõe que a criação estética corresponda a um certo número de critérios: vocação para a universalidade, utilização da língua mais difundida, conteúdo que se dirija ao mais amplo público. Como, nestas condições, pode sobreviver um universal que se expressa através do singular?

Porque há várias maneiras de expressão do universal: pode-se enunciá-lo por uma espécie de redução à média, mas pode-se manifestá-lo também graças a uma singularidade que expressa alguma coisa profundamente compartilhada. Estes problemas devem ser considerados no interior da economia da comunicação, mas é preciso igualmente compreender seus efeitos sobre a economia da criação. O estudo frequente da produção dos *best-sellers* no mundo da edição impressa é agora uma questão quase obsoleta. O problema do presente é a cadeia dos produtos derivados. É inútil manter um discurso de rejeição total, absoluta, como se a qualidade fosse por essência estranha à cultura de massa. É preciso antes compreender os critérios que vigoram na construção das produções que dão origem a esses produtos derivados. E a meu ver é a partir daí que se deve raciocinar, para além de um discurso nostálgico e melancólico ou de uma cólera denunciadora, que tem suas razões, mas é impotente diante de uma evolução demasiado poderosa.

Você adota um comportamento de compreensão, de dentro. Comportamentos de resistência nascerão também, visando ocupar os "nichos". Quanto mais generalizada a revolução eletrônica for, mais surgirão comportamentos de diferenciação e de exceção. O vigor da bibliofilia, insensível à revolução eletrônica, prova que o livro permanece uma entidade viva, já que ele passa de mão em mão e é colecionado.

Mesmo em tempos de massificação e de universalização, não se poderá impedir os colecionadores de construir a raridade. Porque, apesar de a raridade poder ser objetiva, ela é, de fato, com frequência construída. Um livro é raro a partir do momento em que há bibliófilos para procurá-lo. Se não há ninguém interessado, mesmo que tenha sido publicado em um único exemplar, ele não é raro. É uma história absolutamente apaixonante a da bibliofilia, que começa no fim do século XVII ou no começo do XVIII, nos meios financeiros, e que supõe que seja definido o universo do colecionável. Podem ser todos os livros impressos antes de certa data, ou todos os livros que têm o mesmo suporte material, rico e luxuoso, ou todos os livros que pertencem ao mesmo gênero literário, ou ainda todos os livros saídos da mesma oficina tipográfica etc. Um critério de raridade se põe em marcha, definindo o colecionável pela série. Daí, livreiros que se especializam neste mercado publicam catálogos descrevendo as obras que são postas à venda segundo regras particulares, atentas às particularidades de cada exemplar.

Progressivamente, o gosto desses colecionadores será conduzido com mais facilidade (mas não necessariamente) para os objetos mais custosos, fazendo do livro raro um investimento. É uma história paralela que continuará, mesmo que, com os

Página precedente.
Vanitas vanitatum. Como o relógio que escande o curso do tempo, como os instrumentos de música com as notas efêmeras, como os símbolos da glória vã, o livro profano tem seu lugar nas composições que querem ensinar a fragilidade das coisas deste mundo. Diante da irremediável destruição, o único amparo vem dos dois livros de Deus: a Natureza, que é sua criação, e a Bíblia, onde está inscrita sua Palavra.
Edwaert Collier, *Vanité*, 1664, Leiden, Stedelijk Museum De Lakenmal.

instrumentos da eletrônica, tal empresa de "livros *à la carte*" proponha "reeditar" para você, em um exemplar único, aquele livro que você procura desesperadamente há anos. Dispor de um texto por esse caminho não dispensará a aquisição, quando aparecer a oportunidade, de um exemplar de sua antiga edição. No tempo das telas, o mundo da coleção tem ainda belos dias diante de si.

O texto vive uma pluralidade de existências. A eletrônica é apenas uma dentre elas.

A indestrutibilidade do texto, supondo que seja atingida, não significa que devam ser destruídos os suportes particulares, historicamente sucessivos, através dos quais os textos chegaram até nós, porque – e creio que o conjunto desta conversa o demonstrou – a relação da leitura com um texto depende, é claro, do texto lido, mas depende também do leitor, de suas competências e práticas, e da forma na qual ele encontra o texto lido ou ouvido. Existe aí uma trilogia absolutamente indissociável se nos interessamos pelo processo de produção do sentido. O texto implica significações que cada leitor constrói a partir de seus próprios códigos de leitura, quando ele recebe ou se apropria desse texto de forma determinada. Pode-se lamentar que o mundo do livro em rolo não nos seja acessível a não ser por fragmentos e que todo este universo – que era o da biblioteca de Alexandria, dos livros sagrados, de Platão e de Ésquilo, ou o dos leitores que tinham relações com o texto que não são mais as nossas – não seja perceptível senão por um difícil trabalho de reconstrução arqueológica, real ou mental. No que diz respeito aos nossos dois mundos de hoje, dos quais falamos aqui, o mundo do texto impresso e o do texto eletrônico, vê-se que o mesmo problema se põe. É preciso assegurar a indestrutibilidade do texto pelo maior tempo possível, através da utilização do novo suporte eletrônico: deste ponto de vista, nem os discursos de denúncia nem os entusiasmos utópicos e às vezes ingênuos correspondem ao diagnóstico que se deve fazer. Ao mesmo tempo, para todos os textos cuja existência não começou com a tela, é preciso preservar as próprias condições de sua inteligibilidade, conservando os objetos que os transmitiram. A biblioteca eletrônica sem muros é uma promessa do futuro, mas a biblioteca material, na sua função de preservação das formas sucessivas da cultura escrita, tem, ela também, um futuro necessário.

Você gosta de repetir um relato de André Miquel, antigo administrador da Biblioteca Nacional, que reúne como que em um conto essa dialética da memória das formas tradicionais e da pesquisa das novas formas.

André Miquel viu-se diante das queixas de um leitor que não conseguia nem consultar, nem o microfilme de um impresso. Ele se dirigiu aos conservadores dizendo-lhes: "Deem-me este livro, que vou destruí-lo imediatamente". Grande pavor dos conservadores. André Miquel explicou: já que este documento não podia ser consultado na sua realidade material primária e também não era nem microfilmável nem transferível para outro suporte, para que então conservá-lo? Ninguém mais poderia ler seu conteúdo, portanto não importava que fosse destruído ou preservado. É uma pequena fábula que finalmente remete à temática deste diálogo: um livro existe sem leitor? Ele pode existir como objeto, mas, sem leitor, o texto do qual ele é portador é apenas virtual. Será que o mundo do texto existe quando não há ninguém para dele se apossar, para dele fazer uso, para inscrevê-lo na memória ou para transformá-lo em experiência? Paul Ricoeur lembrou muitas vezes o fato de que um mundo de textos que não é conquistado, apropriado por um mundo de leitores, não é senão um mundo de textos possíveis, inertes, sem existência verdadeira.

O que me lembra, para terminar, um outro conto: a novela de Pirandello intitulada *Mundo de papel.* Nela, um leitor, o professor Balicci, fica cego de tanto ler. Ele fica desesperado porque a voz interior dos livros, que passava por sua visão, se calou. Imagina então um primeiro subterfúgio, pedir a uma leitora para lhe ler em voz alta, mas o procedimento revela-se um desastre. A moça lê à sua maneira e Balicci não ouve mais a voz de seus livros. Ele ouve uma outra voz, que choca sua audição e sua memória. Ele pede então a sua leitora que fique quieta e leia em seu lugar. Ela deve ler, para ela mesma, em silêncio, a fim de dar nova vida a este mundo que, desabitado, corre o risco de se tornar inerte. Lendo em lugar de Balicci, a leitora evitará que seus livros morram, abandonados, ignorados. Mas o drama se precipita quando um dia, lendo uma descrição da catedral e do cemitério de Trondheim, na Noruega, a leitora exclama: "Eu estive lá e não é de modo algum como está no livro!". O professor Balicci, então, tomado de terrível cólera, despede a leitora gritando: "Pouco me importa que você tenha estado lá, do modo como está escrito, é assim que deve ser". O mundo de papel de Balicci, como o de Dom Quixote, tornara-se o próprio universo. Cego, o professor encontra seu único conforto, ou sua única certeza, no fato de que, quando folheia seus livros, que se tornaram ilegíveis, seus textos retornam na sua memória e, com eles, o universo tal como ele é – ou deve ser.

BIBLIOGRAFIA

- ANIS, J., LEBRAVE, J.-L. *Texte et ordinateur*: les mutations du lire-écrire. La Garenne-Colombes: Éditions de l'Espace Européen, 1991.

- AQUILON, P., MARTIN, H.-J. (ed.). *Le livre dans l'Europe de la Renaissance*. Paris: Promodis-Éditions du Cercle de la Librairie, 1988.

- BARATIN, M., JACOB, C. (ed.). *Le pouvoir des bibliothèques*. La mémoire des livres en Occident. Paris: Albin Michel, 1996.

- BARBIER, F. *L'Empire du livre*. Le livre imprimé et la construction de l'Allemagne contemporaine (1815-1914). Paris: Éditions du Cerf, 1995.

- BLOCH, R. H. *Le plagiaire de Dieu*. La fabuleuse industrie de l'abbé Migne. Paris: Éditions du Seuil, 1996.

- CANFORA, L. *La véritable histoire de la bibliothèque d'Alexandrie*. Paris: Éditions Desjonquères, 1988.

- CAVALLO, G., CHARTIER, R. (ed.). *Histoire de la lecture dans le monde occidental*. Paris: Éditions du Seuil, 1997.

- CERQUIGLINI-TOULET, J. *La couleur de la mélancolie*. La fréquentation des livres au XIVe siècle, 1300-1450. Paris: Hatier, 1993.

- CHARTIER, A.-M., HÉBRARD, J. *Discours sur la lecture (1880-1980)*, com a colaboração de Emmanuel Fraisse, Martine Poulain e Jean-Claude Pompougnac. Paris: Bibliothèque Publique d'Information, Centre Georges-Pompidou, 1989.

- CHARTIER, R., MARTIN, H.-J. (ed.). *Histoire de l'édition française*. Paris: Fayard-Cercle de la Librairie, 1989-1991. 4v.

- CHARTIER, R. *Lectures et lecteurs dans la France d'Ancien Régime*. Paris: Éditions du Seuil, 1987.

- CHARTIER, R. (ed.). *Pratiques de la lecture*. Paris: Éditions Payot et Rivages, 1993 [ed. bras.: *Práticas da leitura*. São Paulo: Estação Liberdade, 1996].

- CHARTIER, R. *Culture écrite et société*. L'ordre des livres (XIVe-XVIIIe siècle). Paris: Albin Michel, 1996.

- DARNTON, R. *L'Aventure de l'"Encyclopédie"*. Un best-seller des Lumières. Paris: Librairie Académique Perrin, 1979.

- DARNTON, R. *Édition et sédition.* L'univers de la littérature clandestine au XVIIIe siècle. Paris: Gallimard, 1991 [ed. bras.: *Edição e sedição*: o universo da literatura clandestina no século XVIII. São Paulo: Companhia das Letras, 1992].

- DARNTON, R. *Gens de lettres, gens du livre.* Paris: Éditions Odile Jacob, 1992.

- DAVIS, N. Z. *Les cultures du peuple.* Rituels, savoirs et résistances au XVIe siècle. Paris: Aubier-Montaigne, 1979 [ed. bras.: *Culturas do povo.* Sociedade e cultura no início da França moderna. São Paulo: Paz e Terra, 1990].

- DEBRAY, R. *Manifestes médiologiques.* Paris: Gallimard, 1994 [ed. bras.: *Manifestos midiológicos.* São Paulo: Vozes, 1995].

- EISENSTEIN, E. *La révolution de l'imprimé dans l'Europe des premiers temps modernes.* Paris: Éditions de La Découverte, 1991.

- ESTABLET, R., FELOUZIS, G. *Livre ou télévision:* concurrence ou interaction?. Paris: Presses Universitaires de France, 1992.

- FABRE, D. (ed.). *Écritures ordinaires.* Paris: POL, 1993.

- FABRE, D. (ed.). *Par écrit.* Ethnologie des écritures quotidiennes. Paris: Éditions de la Maison des Sciences de l'Homme, 1997.

- FEBVRE, L., MARTIN, H.-J. *L'Apparition du livre.* Paris: Albin Michel, 1971 [ed. bras.: *O aparecimento do livro.* São Paulo: Editora UNESP/Hucitec,1992].

- FURET, F. (ed.) *Livre et société dans la France du XVIIIe siècle.* Paris et La Haye: Mouton, 1965 e 1970.

- FURET, F., OZOUF, J. *Lire et écrire.* L'alphabétisation des Français de Calvin à Jules Ferry. Paris: Les Éditions de Minuit, 1977.

- GILMONT, J.-F. (ed.). *La Réforme et le livre.* L'Europe de l'imprimé (1517-v. 1570). Paris: Éditions du Cerf, 1990.

- GINZBURG, C. *Le fromage et les vers.* L'univers d'un meunier au XVIe siècle. Paris: Flammarion, 1980 [ed. bras.: *O queijo e os vermes*: o cotidiano e as ideias de um moleiro perseguido pela inquisição. São Paulo: Companhia das Letras, 1987].

- GOULEMOT, J. M. *Ces livres qu'on ne lit que d'une main.* Lecture et lecteurs de livres pornographiques au XVIIIe siècle. Paris: Minerve, 1994.

- *Histoire des bibliothèques françaises.* Paris: Éditions du Cercle de la Librairie, 1988-1992. 4v.

- LAUFER, R., SCAVETTA, D. *Texte, hypertexte, hypermédia.* Paris: Presses Universitaires de France, 1992.

- LEENHARDT, J., JÓSZA, P. *Lire la lecture.* Essai de sociologie de la lecture. Paris: Le Sycomore, 1982.

- LYONS, M. *Le triomphe du livre.* Une histoire sociologique de la lecture dans la France du XIXe siècle. Paris: Promodis-Éditions du Cercle de la Libraire, 1987.

- McKENZIE, D. F. *La bibliographie et la sociologie des textes.* Paris: Éditions du Cercle de la Librairie, 1991.

- MARTIN, H.-J. *Livre, pouvoirs et société à Paris au XVIIe siècle (1598-1701).* Genève: Droz, 1969.

- MARTIN, H.-J. *Le livre français sous l'Ancien Régime.* Paris: Promodis-Éditions du Cercle de La Librairie, 1987.

- MARTIN, H.-J., VÉZIN, J. (ed.). *Mise en page et mise en texte du livre manuscrit.* Paris: Éditions du Cercle de la Libraire, 1990.

- MARTIN, H.-J. *Histoire et pouvoirs de l'écrit*, com a colaboração de Bruno Delmas. Paris: Albin Michel, 1996.

- MINARD, P. *Typographes des Lumières.* Seyssel: Champ Vallon, 1989.

- MINOIS, G. *Censure et culture sous l'Ancien Régime.* Paris: Fayard, 1995.

- MOLLIER, J.-Y. *L'Argent et les lettres.* Histoire du capitalisme d'édition, 1880-1920. Paris: Fayard, 1988.

- PARENT-LARDEUR, F. *Les cabinets de lecture.* La lecture publique sous la Restauration. Paris: Payot, 1982.

- PERONI, M. *De l'écrit à l'écran.* Paris: Bibliothèque Publique d'Information, Centre Georges-Pompidou, 1991.

- POULAIN, M. (ed.). *Lire en France aujourd'hui.* Paris: Éditions du Cercle de La Librairie, 1993.

- ROCHE, D. *Les Républicains des lettres.* Gens de culture et Lumières au XVIIIe siècle. Paris: Fayard, 1988.

- SVENBRO, J. *Phrasikleia.* Anthropologie de la lecture en Grèce ancienne. Paris: Éditions de La Découverte, 1994.

- THIESSE, A.-M. *Le roman du quotidien.* Lecteurs et lectures populaires à la Belle Époque. Paris: Le Chemin Vert, 1984.

- VALETTE-CAGNAC, E. *La lecture à Rome.* Rites et pratiques. Paris: Belin, 1997.

Créditos Fotográficos

Capa: no alto, *AKG, Paris*; embaixo, Jeanne Hillary/Rapho, Paris.

Página 6: *Dagli Orti, Paris.*

Página 8: *Giraudon, Paris.*

Página 11: *Giraudon, Paris.*

Página 14: *Fotografica Foglia, Nápoles.*

Página 15: *Giraudon, Paris.*

Página 22: Dagli Orti, Paris.

Página 25: *AKG, Paris.*

Página 29: *AKG, Paris.*

Página 30: *Giraudon, Paris.*

Página 33: *AKG, Paris.*

Página 36: *Dagli Orti, Paris.*

Página 37: *Dagli Orti, Paris.*

Página 42-43: *AKG, Paris.*

Página 48: *Giraudon, Paris.*

Página 51: *Dagli Orti, Paris.*

Página 52: *Giraudon, Paris.*

Página 57: *Roger-Viollet, Paris.*

Página 62-63: *Giraudon, Paris.*

Página 68-69: *Dagli Orti, Paris.*

Página 76: *RMN, Paris.*

Página 80: *RMN, Paris.*

Página 81: *Giraudon, Paris.*

Página 83: no alto e embaixo: *Roger-Viollet, Paris.*

Página 86-87: *Édimédia, Paris.*

Página 89: *Jean Vigne, Paris.*

Página 90: *Roger-Viollet, Paris.*

Página 98: *Jeanne Hilary/Rapho, Paris.*

Página 102: *Roger-Viollet, Paris.*

Página 103: *Roger-Viollet, Paris.*

Página 106: *Édimédia, Paris.*

Página 107: *Édimédia, Paris.*

Página 111: *AKG, Paris.*

Página 116: *AKG, Paris.*

Página 120: *Édimédia, Paris.*

Página 124: *Édimédia, Paris.*

Página 125: *Marc Tulane/Rapho, Paris.*

Página 129: *AKG, Paris.*

Página 132: *Szépmûvészéti Muzeum, Budapest.*

Página 135: *Jean-Loup Charmet, Paris.*

Página 136: *Édimédia, Paris.*

Página 140-141: *Édimédia, Paris.*

Página 145: *Giraudon, Paris.*

Página 150-151: *Stedelijk Museum De Lakenhal, Leiden.*

SOBRE O LIVRO

Coleção: Prismas
Formato: 16 x 21 cm
Mancha: 31,2 x 38,11 paicas
Tipologia: Gatineau 12/15
Papel: Couché fosco 150 g/m^2 (miolo)
Cartão LTC 400 g/m^2 (capa)
1ª Edição: 1998

EQUIPE DE REALIZAÇÃO

Produção Gráfica
Edson Francisco dos Santos (Assistente)

Edição de Texto
Fábio Gonçalves (Assistente Editorial)
Maria Dolores Prades (Preparação de Original)
Tulio Kawata e Norma Gusukuma (Revisão)

Editoração Eletrônica
Lourdes Guacira da Silva Simonelli (Supervisão)
Edmilson Gonçalves (Diagramação)

Da edição francesa
Iconografia: Anne Soto

MUNDIALGRÁFICA
www.mundialgrafica.com.br